역사를 읽으면 통찰력을 얻는다
중국역사를 읽으면 중국으로 가는 길이 보인다

21일간의 이야기만화 역사기행

만리 중국사

COMIC VERSION OF CHINESE HISTORY 14, 15

Copyright ⓒ 中国美术出版社总社连环画出版社; 编绘: 孙家裕; 主笔: 尚嘉鹏
Korean translation copyright ⓒ 2013 by Korean Studies Information Co., Ltd.
Korean translation rights of 《COMIC VERSION OF CHINESE HISTORY》
arranged with LIANHUANHUA PUBLISHER directly.

21일간의 이야기만화 역사기행

07권 한 1

초판인쇄 2014년 1월 24일
초판발행 2014년 1월 24일

글·그림 쑨자위
글 상자펑
옮긴이 류방승
펴낸이 채종준
기획 권성용
편집 정지윤, 백혜림
디자인 박능원, 이효은
마케팅 송대호, 정경철, 이행은

펴낸곳 한국학술정보(주)
주소 경기도 파주시 문발동 파주출판문화정보산업단지 513-5
전화 031) 908-3181(대표)
팩스 031) 908-3189
홈페이지 http://ebook.kstudy.com
전자우편 출판사업부 publish@kstudy.com
등록 제일산-115호(2000. 6. 19)

ISBN 978-89-268-5423-5 14910
       978-89-268-5416-7 14910 (set)

07권 한 1

중국 문화의 기틀을 다지다

쑨자위 글 · 그림
상자펑 글

만리
중국사

21일간의 이야기만화 역사기행

이담
Books

중국은 세계 4대 문명 발상지 가운데 하나다. 중화 문명은 아득히 먼 옛날부터 수천 년 동안 전해져 내려오며 상고上古, 하夏, 상商, 주周, 춘추春秋, 전국戰國, 진秦, 서한西漢, 동한東漢, 삼국三國, 서진西晉, 동진東晉, 남북조南北朝, 수隋, 당唐, 오대십국五代十國, 송宋, 요遼, 서하西夏, 금金, 원元, 명明, 청淸 등의 역사 시대를 거쳤다.

중화 문명은 세계에서 가장 오래된 문명이자 가장 오래 지속된 문명이기도 하다. 중화 문명과 어깨를 나란히 한 문명으로는 고대 바빌론 문명, 고대 그리스 문명, 고대 이집트 문명 등이 있다. 어떤 문명은 중국보다 먼저 발생하고, 또 범위도 훨씬 넓었지만 이들은 이민족의 침입 혹은 스스로의 부패로 인해 멸망하여 결국 기나긴 역사 속에서 연기처럼 사라져 버렸다. 중국만이 세계에서 유일하게 문명 대국을 자랑하며 유구한 역사를 이어 오고 있다.

수천 년 동안 중화 민족은 무엇에도 굴하지 않는 강인한 의지와 과감한 탐구 정신, 총명한 지혜로 웅장한 역사의 장을 엶과 동시에 눈부시게 찬란한 물질문명과 정신문명을 창조했다.

이 책의 편집 제작은 정사正史를 바탕으로 진실하고 객관적인 사실을 전달하는 데 주력했다. 또한 역사를 만화 형식으로 풀어 씀으로써 독자들이 아름답고 다채로우며 생동감 넘치는 장면을 느끼리라 기대한다. 독자 여러분들이 쉽고 재미있게 읽는 가운데 역사를 직접 느끼고 역사에 융화되어 깨닫는 바가 있기를 바란다.

지롄하이紀連海
중국 CCTV '백가강단百家講壇' 강사

중국 문화의 기틀을 다지다

한은 유방劉邦이 장안에 도읍을 정한 서한(西漢, 기원전 202년~서기 25년)과 유수劉秀가 낙양에 도읍을 세운 동한(東漢, 25~220년)으로 나뉜다. 서한 초기에는 진나라 제도를 그대로 답습하고 봉건 통치를 강화했으며, 파탄 난 사회·경제를 회복하기 위해 세금과 요역을 줄여 주는 정책을 실시했다. 이로써 사회·경제가 점차 안정되고, 농업, 수공업 및 상업이 모두 눈부신 발전을 이룩했다.

무제武帝 때 이르러 서한의 국력은 전성기를 맞이했다. 무제 유철劉徹은 재위 54년간 정치를 개혁하고 영토를 확장하는 혁혁한 공을 세웠다. 중앙집권 체제 강화를 위해 '추은령推恩令'을 내려 제후 세력을 약화시키고, 승상의 권력을 빼앗았으며, 재능만 있으면 귀천을 막론하고 누구나 등용했다. 또한 소금과 철을 독점 판매하고, '백가를 내치고 유가만을 존숭하는' 정책을 널리 추진했다. 더불어 흉노를 격파하고 장건張騫을 서역에 사신으로 파견, 실크로드를 개척하고 서남방 개발에 나서 한나라 영토를 크게 확장했다.

서한은 문화적으로 최고의 절정기를 맞이하고, 사회·경제적으로도 대대적인 발전을 이룩해 대외 교역이 활발하게 전개됨으로써 당시 세계 강국 중 하나로 자리매김했다. 하지만 후기에 이르러 사회 갈등이 격화되어 결국 왕망王莽에게 정권을 빼앗기고 말았다.

신新나라를 건립한 왕망의 정치 개혁이 실패하고 무리한 전쟁으로 백성의 원성을 사 농민 반란인 녹림綠林의 난과 적미赤眉의 난 등이 일어났다. 한실 후예인 유수는 녹림군의 도움으로 신나라를 뒤엎고 제위를 빼앗아 낙양에 도읍을 정해 동한을 건국했다.

광무제光武帝 유수는 즉위 후 계급 갈등을 완화하고 통치 정책을 정비하는 데 힘썼다. 농민의 조세와 요역 부담을 덜어줌으로써 나라는 점차 안정된 국면을 되찾아 '광무 중흥'을 이룩했다. 동한 중기 이후부터는 황제들의 나이가 대부분 어려 환관과 외척이 교대로 권력을 쥐는 현상이 빚어졌다. 220년, 조조曹操의 아들 조비曹丕가 헌제에게 양위를 강요하면서 동한은 결국 망하고 말았다.

동한은 경제, 과학기술, 문화 등의 방면에서 눈부신 발전을 이루었다. 수공업 역시 빠르게 발전해 귀족의 전유물이던 사치품이 민간에까지 널리 전파됐다. 채륜蔡倫은 제지 기술에서 혁신적인 성과를 거두었고, 천문학자 장형張衡은 '혼천의渾天儀'와 '지동의地動儀'를 제작했으며, 장중경張仲景과 화타華陀는 의학사의 한 획을 긋는 위대한 업적을 이룩했다. 이처럼 풍부하고 다채로운 동한의 문화는 지금까지도 널리 칭송받고 있다.

상고 上古		B.C. 약 800만~2000년
하 夏		B.C. 2070~1600년
상 商		B.C. 1600~1046년
주 周		B.C. 1046~771년
춘추 春秋		B.C. 770~403년
전국 戰國		B.C. 403~221년
진 秦		B.C. 221~206년
한 漢	서한 西漢	B.C. 206~A.D. 25년
	동한 東漢	25~220년
삼국 三國_위·촉·오		220~280년
양진 兩晉	서진 西晉	265~317년
	동진 東晉	317~420년
남북조 南北朝		420~581년
수 隋		581~618년
당 唐		618~907년
오대십국 五代十國		907~960년
송 宋	북송 北宋	960~1127년
	남송 南宋	1127~1279년
요 遼		907~1125년
서하 西夏		1038~1227년
금 金		1115~1234년
원 元		1271~1368년
명 明		1368~1644년
청 淸		1644~1911년

한漢

- B.C. 202년 유방이 한나라를 개국
- B.C. 200년 한 고조가 흉노를 공격하나 백등산에 7일 동안 포위됨.
- B.C. 196년 여후와 소하가 한신을 주살
- B.C. 188년 여후가 황제를 대행함.
- B.C. 187년 여후가 여씨를 왕과 제후로 봉함.
- B.C. 180년 여후 사후 여씨 세력이 숙청됨, 한 문제 즉위
- B.C. 179~141년 문경의 치세
- B.C. 157년 한 문제 사후 한 경제 즉위
- B.C. 154년 오초칠국의 난
- B.C. 144년 이광이 흉노를 토벌
- B.C. 141년 한 경제 사후 한 무제 즉위
- B.C. 140년 중국 최초의 연호 사용, 동중서가 백가를 물리치고 유학을 숭상하라고 건의
- B.C. 138년 장건이 서역에 사신으로 파견
- B.C. 136년 한 무제가 유교를 국교화함.
- B.C. 126년 장건이 서역에서 13년 만에 귀국
- B.C. 121년 혼야왕이 한나라에 투항함.
- B.C. 119년 위청·곽거병이 흉노를 대파함, 상홍양의 건의로 염철鹽鐵 전매 실시, 장건이 다시 서역에 사신으로 감.
- B.C. 115년 장건이 오손국에서 귀환, 실크로드 열림.
- B.C. 111년 남월의 멸망

한 下

한 上

赴上
漢

유방劉邦
한 고조高祖. 진나라 때 사수泗水 정장亭長을 지냈고, 패沛 땅에서 기병해 패공沛公 이라 불렸다. 진나라가 망한 후 한왕漢王에 봉해 졌다. 이후 초한 전쟁에서 서초패왕 항우를 물리 치고 서한의 개국 황제가 되었다.

척부인戚夫人
한 고조의 애첩. 가무가 빼어나기로 유명했다. 한때 막강한 권력을 쥐었으나 유방이 죽고 난 후 여후에게 잔인한 보복을 당했다.

한신韓信
서한의 개국공신. 중국의 위대한 군사 전략가이자 군사 이론가이다. 모략으로 전쟁을 승리로 이끄는 데 능해 훗날 병선兵仙, 전신戰神으로 추앙받았다.

진평陳平
서한의 개국공신으로 뛰어난 모략가이다.

여치呂雉
한 고조의 황후로 한 고후高后, 여후, 여태후呂太后 등으로 불렸다. 권모술수에 매우 능한 여인이다.

조참曹參

서한의 개국공신이자
명장으로 소하의 뒤를
이어 재상에 올랐다.
유방이 황제가 된 후
평양후平陽侯에 봉해졌고,
혜제惠帝 때 관직이 승상
까지 올랐다. 승상 시절
소하가 제정한 법과 제도를
그대로 따라 '소규조수
蕭規曹隨'라고 일컬어졌다.

주발周勃

진나라 말기와
한나라 초기의
군사가이자 정치가.
서한의 개국공신
으로 강후絳侯에
봉해졌다.

주아부周亞夫

서한 초기의
유명한 장군.
명장 주발의 아들로
흉노를 무찌르는 데
큰 공을 세웠다.

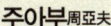

한 문제文帝

이름은 유항劉恒.
한의 5대 황제로 재위 기간
동안 백성의 세금과 요역을
덜어 주는 정책을 꾸준히
실시하여 한나라가 초기에
안정을 찾고 번영으로
나아가는 데 일조했다.
후세에는 그와 그의 아들
경제의 집권 시기를 '문경
文景의 치治'라고 통칭한다.

순우제영淳于緹縈

순우의淳于意의 다섯 딸
중 막내이다. 부친을
구하기 위해 문제에게 직접
상소를 올렸다. 문제는
그녀의 정성과 용기에
탄복하여 순우의의
형을 사면해 주었다.

시대별지도
ㅡ한漢

선비鮮卑

흉노匈奴

유주幽州

양주涼州

백등산白登山

기주冀州

병주并州

낙양洛阳(동한)

청주青州

장안長安(서한)

연주兗州

곤양昆陽

한漢

강羌

익주益州

오吳

형주荆州

양주揚州

유방이 백등에서 흉노에게 포위되다

기원전 200년, 한 고조는 한왕韓王 신信을 기존의 봉지인 한 땅에서 대 땅으로 옮기도록 했다. 그는 대왕代王에 임명돼 묵돌선우의 지휘 아래 점점 더 막강해지는 흉노를 막으라는 임무를 맡았다.

폐하가 나를 버렸어!

폐하는 여전히 대왕을 신임하고 있으니 너무 자책하지 마십시오!

신임한다고? 그가 언제 날 신임한 적이 있었지?

난 남방 사람인데 추운 대 땅으로 쫓겨난 데다 매일 흉노와 싸우게 됐다고!

추운 건 정말 질색이란 말야!

듣고 보니 그렇군요. 폐하가 사람을 업신여기기는 하네요.

전군에 이를 알리고 방어 태세를 갖춰라!

예!

대왕, 흉노가 또 쳐들어 옵니다!

뭐?!

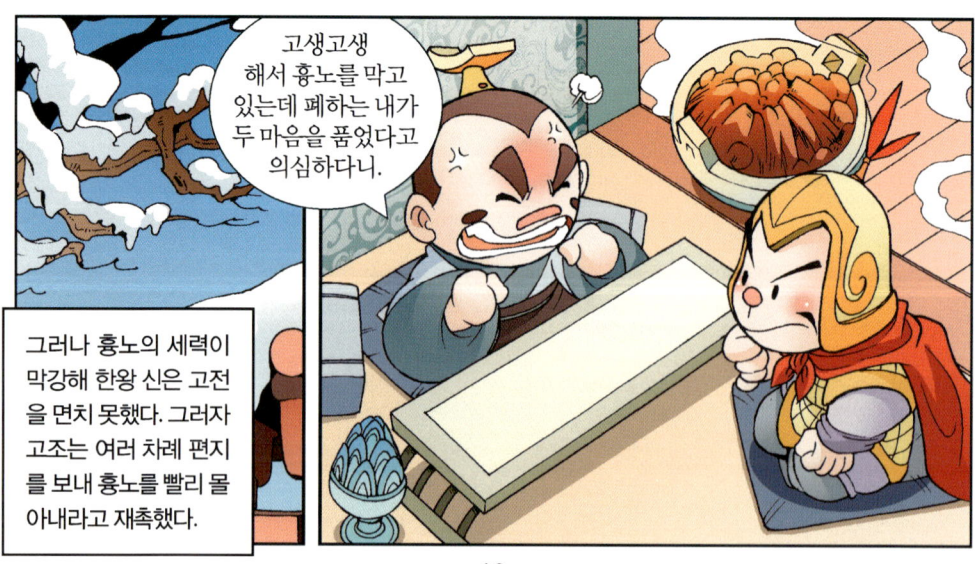

고생고생 해서 흉노를 막고 있는데 폐하는 내가 두 마음을 품었다고 의심하다니.

그러나 흉노의 세력이 막강해 한왕 신은 고전을 면치 못했다. 그러자 고조는 여러 차례 편지를 보내 흉노를 빨리 몰아내라고 재촉했다.

16

17

한나라 궁궐

폐하, 대왕이 흉노에게 투항했습니다!

그가 마읍 성문을 열어 흉노가 남하하도록 길을 터 주었답니다!

이런 죽일 놈!

탁!

짐이 친정에 나서 반역자를 토벌하겠다!

고조는 친히 30만 대군을 이끌고 북방 원정에 나서 한왕 신의 군대와 맞닥뜨렸다.

저 배은망덕한 놈에게 따끔한 맛을 보여줘라!

18

그대가 반란을 일으키도록 날 핍박하지 않았소?

와ー

죽여라!

유방의 군대가 너무 강하다. 퇴각하라!

한왕 신은 고조에게 패한 후 흉노를 찾아가 도움을 요청했다.

이번에 정말 무참하게 패했구려.

망신이야. 에고

선우, 제발 저 좀 도와주십시오!

걱정하지 마시오!

우리 흉노와 한나라 군대 중 누가 더 강한지 비교해 볼 참이었소.

예!

한나라 군대의 상황이나 소상히 말해 보시오!

20

한나라 군영

요 며칠 상대한 흉노 병사들은 대부분 늙거나 병든 자들입니다.

하하, 흉노도 사실 별것 아니었구나!

다음번에 흉노와 겨룰 때는 전군이 출동해서 아예 혼을 빼 놓도록 하자!

흉노가 일부러 약세를 보여 우리를 방심하게 하는 것이니 계략에 빠져서는 안 됩니다!

유경, 대적을 앞에 두고 감히 아군의 사기를 꺾는 소리를 지껄이느냐!

유경을 옥에 가두고 처분을 기다려라!

신의 목숨은 아깝지 않지만 폐하께서 흉노의 간계에 빠질까 걱정입니다!

21

한나라와 흉노의 군대가 다시 맞붙었는데……

돌격!

철수하라!

하지만 흉노는 싸우기도 전에 달아나기 시작했다.

꽁무니를 빼는 꼴이라니, 훗!

흉노는 결코 내 상대가 아니다! 추격하라!

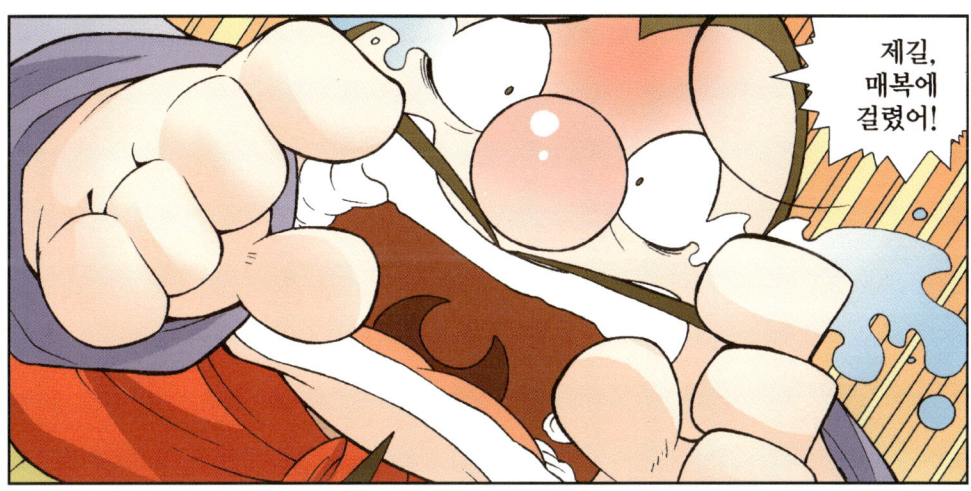

23

묵돌선우는 40만 대군을 이끌고 백등산에서 한나라 군대를 포위했다. 유방은 여러 차례 돌파를 시도했지만 번번이 실패로 끝났다.

이러다 얼어 죽겠어!

폐하, 식량이 다 떨어져 갑니다!

그럼 이제 어떡하느냐?

묵돌선우가 군대를 물리지 않으면 우린 얼어 죽거나 굶어 죽습니다.

24

진평, 그대는 머리가 비상하니 묵돌의 군대를 물리칠 방법을 빨리 찾아보아라!

묵돌선우가 온 신경을 써서 우리를 이곳에 가두었기 때문에 쉽게 군대를 물릴 리 없습니다.

지금은 그가 가장 신임하는 흉노인에게 우리 얘길 해 달라고 부탁하는 것이 최선입니다.

어느 흉노인이 우리를 도와 주려 하겠나?

그녀가 질투심에 크게 화를 낼 텐데 어떻게 우릴 도와 준다는 건가?

하나만 알고 둘은 모르시네!

선우가 총애 하는 애첩 알씨는 질투심이 매우 강하다고 합니다.

만약 우리가 미녀도 한 폭을 그녀에게 보내고 이 미녀를 선우에게 바치는 선물이라고 한다면……

25

바로 그겁니다. 그녀는 질투가 나 이를 저지할 방법을 찾을 것이고,

가장 좋은 방법은 묵돌선우 에게 속히 군대를 물리게 하는 것입니다.

그녀가 권한다고 묵돌선우의 마음이 움직일까?

베갯머리송사를 절대 얕보지 마십시오. 그녀는 틀림없이 묵돌선우를 설득할 것입니다.

그럼 당장 척비의 초상화를 보내라!

천하에 그녀보다 더 아름다운 미녀는 없다!

진평의 계략이 그대로 적중하여 묵돌선우는 바로 백등산을 포위한 군대를 철수시켰다.

이후 한나라는 흉노의 국경 침입을 막기 위해 공주와 수많은 재물을 바쳐 악화된 양국 관계를 완화시켰다.

26

토사구팽 당한 한신

토사구팽兎死狗烹
토끼 사냥이 끝나면 사냥개를 삶아 먹는다는 뜻. 필요할 때는 요긴하게 써 먹고 쓸모가 없어지면 가차없이 버린다는 말이다.

한신은 초한 전쟁에서 혁혁한 공을 세워 한 고조에게 초왕楚王에 봉해졌다.

항우의 옛 수하인 종리매가 초왕부에 숨어 있다고 합니다.

초군 가운데 짐이 가장 증오한 두 사람 중 하나는 항우이고, 다른 하나는 종리매다!

전에 종리매에게 고전한 일을 생각하면 아직도 이가 갈린다!

한신이 종리매를 받아들인 건 모반을 계획하는 것 아니냐?

네? 그런 뜻으로 말씀드린 건 아닌데…

이에 고조는 진평을 불러 한 신 토벌 문제를 상의했다.

짐이 한신을 토벌한다면 승산이 얼마나 있겠는가?

왜 갑자기 초왕을 토벌하려 하십니까?

그가 반란을 꾸미는 것 같아서다.

천하에서 누구의 군대가 가장 강합 니까?

당연히 한신이지.

전투에서는 초왕이 천하무적 이니 군사 정벌은 가장 하책입니다.

28

그럼 빨리 가장 상책을 생각해 보아라!

초왕도 분명 뵈러 올 것이니 기회를 봐 그를 체포하십시오.

그거 참 묘책 이로다!

폐하께서 운몽택 유람을 구실로 초나라 경내로 들어가 제후 들을 소집하는 겁니다.

초왕부

楚王府

폐하께서 왜 하필 우리 경내 에서 제후를 소집 하는 거요?

30

종리매, 폐하께서 내가 자네를 거둔 일로 의심을 품기 시작했다.

나는 자네와 폐하 중 한쪽을 선택해야만 하네!

이리하여 한신은 종리매의 거처를 찾아갔다.

내가 자네의 목을 빌려 재앙을 막도록 도와주게나.

난 자네와 손잡을 마음이 전혀 없으니 제발 친구를 난처하게 만들지 말게.

아! 자네 순진한 건가, 멍청한 건가?

폐하는 전부터 자넬 의심했어. 그런데도 공격하지 못하는 이유는 우리가 손잡고 대항할까 두려워서라고!

아오, 속 터져!!

내 머리를 폐하께 바친다면 자네도 결국 무사하지 못할 걸세!

한신, 내 황천길에서 자넬 기다리고 있겠네!

종리매는 분통이 터져 결국 자결했다.

운몽택

폐하께 종리매의 머리를 바칩니다.

당장 한신을 체포해라!

32

뭣들 하는 짓이냐?

고조의 계책에 넘어간 한신은 그 자리에서 사로잡혀 장안으로 압송되었다.

덜컹

덜컹

새를 다 잡으면 좋은 활을 거둬들이고, 토끼를 다 잡고 나면 사냥개를 삶아 먹는구나.

그때 종리매의 말을 들었다면 이 지경까지는 이르지 않았을 텐데!

33

유방은 한신이 모반을 일으켰다는 증거를 찾지 못해 하는 수 없이 그를 풀어 주고, 초왕에서 회음후淮陰侯로 강등시켰다. 하지만 그를 노리는 사람이 또 있었으니……

여후께서 절 무슨 일로 부르셨습니까?

한신을 죽이지 않으면 머지않아 재앙이 닥칠 겁니다.

폐하께서 진희를 토벌하러 궁을 비운 틈을 타 먼저 그를 없애고 나중에 보고하기로 해요!

소 승상, 함께 한신을 제거할 좋은 방법을 알려 주세요!

날 돕지 않아 나중에 험한 꼴을 당해도 원망 마세요!

그건……

한신, 나도 어쩔 수 없는 일이니 날 원망하지 말게.

폐하께서 진희를 대파했다고 궁중에서 축하연을 연다는데 왜 가지 않으십니까?

몸이 너무 불편해서 ……

소하는 궁에 미리 군사를 배치해 두고 한신을 부르러 갔다.

이처럼 기쁜 행사에 참석하지 않으면 더욱 의심을 받게 됩니다.

뭐가 말이오? 우리 사이에 설마 내가 그대를 해치기라도 할까 봐서요?

좋소. 그럼 갑시다!

솔직히 말하면, 두렵소.

35

장락궁

축하연은 대궐에서 열리는 것 아니요? 왜 후궁으로 가나요?

가엾은 한신…

한신을 잡아라!

헉!

뭐하는 짓들이냐?

소하, 네놈이 날 속였구나!

한신, 미안하네……

곧 죽을 몸, 얼른 죄를 인정하시지!

나는 소하의 추천으로 공명을 이루었고

또 소하의 속임수로 목숨을 잃게 되었다!

성공도 소하에 달려 있고, 실패도 소하에 달려 있구나!

죽을 때가 되니 쓸데없는 말만 늘어 놓는구나!

종리매의 권유를 듣지 않았다가 결국 아녀자의 손에 죽게 되다니, 후회막급 이로다!

여봐라, 한신을 당장 죽여라!

몇 달 후 고조는 진희를 토벌하고 돌아와 한신이 죽었다는 소식을 들었다.

한신의 죽음으로 짐이 마음속의 큰 돌을 내려놓게 되었소!

일단 한신에게 죄명을 덮어씌워 그의 죽음이 정당했음을 알려야 합니다.

죄를 씌우려고 한다면 무슨 구실인들 없겠소! 그에게 모반의 죄명을 씌우면 되오.

당대의 명장 한신은 이렇게 여후의 손에 무고한 죽임을 당했다. 또한 이 이후로 개국공신을 주살하는 피의 숙청이 시작되었다.

화근을 뿌리째 제거하려면 한신의 삼족을 멸해야 합니다.

좋소, 그렇게 합시다!

장량이 태자를
페위 위기에서
구하다

황후인 여치가 나이가 들어 점점 총애를 잃자 그의 아들 유영劉盈도 유방에게 미움을 받았다.

반면 척비는 유방의 총애가 깊어질수록 욕망이 점점 커져 태자인 유영을 폐하고 자신의 아들 조왕 유여의劉如意를 태자에 앉히려고 했다.

척비야, 짐이 무척 힘들구나!

여기 약을 달여 왔어요.

꿀꺽꿀꺽!

약을 계속 드셨는데도 병이 호전될 기미가 보이질 않아 큰일 이에요.

갈수록 안 좋아지는 게 이번 겨울을 넘기기 힘들겠구나.

39

폐하께서 돌아가시면 저와 여의는 어떡해요? 여후가 저흴 가만 놔두지 않을 거라고요!

여치는 사악하고 잔인해서 내가 죽으면 너희 모자를 죽일 텐데……

너희들의 안전을 위해 새로 여의를 태자에 앉혀야겠다.

엉엉……

유방은 병이 나아지자 즉각 조정에 나가 대신들과 태자 폐립 문제를 논의했다.

뭐라는 거야?

시…신은 태자 폐… 폐위에 반대합니다!

주창周昌,
급할 것 없으니
천천히 말하라!

시…신은
이것이 오…
옳지 않다고
사료됩니다!

하하, 저 말
더듬는
꼴 좀 봐!

됐다.
웃지 마라!

오늘 아침
조회는 여기서
마치고 태자 폐립
문제는 내일 다시
논의하겠다!

유방의 처소

숙손통, 무슨 일로 짐을 찾아왔소?

폐하, 태자를 폐위해선 안 됩니다!

장자를 폐하고 아랫사람을 앉히면 나라에 재앙이 닥칩니다. 전에 진晉나라도 신생을 폐하여 대란이 일어난 일이 있습니다!

태자가 이리도 나약한데 신생과 비교가 가능하단 말인가?

만약 태자를 새로 세우신다면 폐하 앞에서 목숨을 버리겠습니다!

탁!

42

농담한 걸 가지고 왜 이리 흥분하나?

태자 폐립은 나라의 미래가 달린 일인데 어찌 농으로 말씀 하십니까?

농담할 게 따로 있지?!

신하들의 반대가 심하니 태자 폐위 문제는 당분간 보류 해야겠어.

승상부

신 여택 유후*를 뵈러 왔습니다!

앉으시오.

이리로~

* 유후留侯
장량이 유 땅에 봉해져 붙여진 호칭.

43

대인은 황후의 부탁을 받고 태자 문제를 의논하러 오신 거지요?

그걸 어찌…

폐하께서 어르신의 말은 신임하시니 태자를 폐위하지 말라고 권해 주십시오.

나도 여러 차례 말했지만 듣지 않으시니 어쩔 수가 없습니다.

이번 한 번만 태자를 꼭 도와 주십시오!

음, 상산에 은거하는 네 분의 고수를 '상산사호 商山四皓'라 하는데,

폐하께서 일찍이 그들에게 벼슬을 권했다가 매섭게 거절당한 일이 있습니다.

만약 그들이 산을 나와 태자를 보좌한다고 하면 폐하도 태자를 다시 보게 돼, 폐위 위기를 단칼에 해결할 수 있습니다.

태자께서 친히 산에 올라가 간곡히 권한다면 그분들은 꼭 내려 올 것이오.

폐하도 쳐다보지 않는 사람들이 우릴 거들떠나 보겠소?

그분들은 재물을 돌 보듯 하는데 폐하께서 천금으로 모셔 오려 했으니 나오지 않는 것도 당연하지요.

애초에 방법이 틀렸었지.

상산

똑똑똑

45

누구세요?

유영이 찾아뵈러 왔다고 전해 주게나.

태자께서 직접 찾아와 예로써 선비를 대하는 모습에 모두 크게 감동했습니다.

진심!

굿!

진심이 담긴 글도 잘 읽었습니다.

저희가 기꺼이 산을 나가 태자를 보좌하겠습니다!

정말 감사드립니다!

하루는 고조가 군신들을 불러 연회를 열었는데
유영이 상산사호와 함께 연회장에 들어갔다.

자, 오늘은 다들 한잔 하게나!

부황, 제가 한 잔 올리겠습니다!

아니, 저 어르신들은 ......

네, 바로 상산사호십니다.

훗, 놀라셨죠?

상산사호 라고?

짐이 여러 차례 청해도 산에서 내려오지 않던 분들이

어떻게 태자를 보좌 하기로 결정하게 된 거요?

태자는 어질고 너그러운 데다 어른을 존경할 줄 알며 폐하 처럼 성격이 거칠지도 않습니다.

그래서 우리가 태자를 보좌하기로 자원 했습니다!

옳소!

이런 ......

그럼 선생들이 태자를 잘 좀 돌봐 주시오!

고조는 상산사호마저 태자를 따르는 걸 보고 유여의를 태자에 앉히고자 했던 생각을 거두었다.

태자를 폐위하지 않기로 결정했다.

왜 갑자기 마음이 바뀌셨어요?

거의 다 됐었는데, 이게 뭐야!

태자가 인심을 크게 얻어 상산사호까지도 기꺼이 그를 보좌하고 있더군.

엉엉, 그럼 우리 모자는 어쩌라고요?

울지 마라. 내 너희 모자를 살릴 방법을 꼭 찾아보겠다.

신에게 척비를 보호할 방법이 있습니다.

폐하께서 능력있는 자를 조왕에게 파견해 조왕을 보좌하게 하십시오.

그래서 조왕의 실력이 막강해지면 척비의 안전도 보장됩니다.

고조가 척비 모자 문제로 고민하고 있을 때 한 대신이 찾아 왔다.

그거 참 좋은 방법이로구나!

콰!

주창은 성품이 강직하고 재능이 뛰어나니 이 임무에 가장 어울리겠어.

이에 유방은 어사대부 주창을 조나라의 재상에 임명하고, 봉지로 가 조왕 유여의를 보좌하게 했다.

유방이 대풍가를 노래하다

회음후 한신이 죽은 후, 양왕 粱王 팽월도 반란죄의 명목으로 유방에게 처형되었다. 한편, 다른 공신인 회남왕 淮南王 영포는 매일 시름에 잠겨 자신도 한신, 팽월의 뒤를 따르지 않을까 걱정했다.

폐하께서 대왕에게 상을 하사했습니다!

그런데 왜 이렇게 고약한 냄새가 나지?

들고 오느라 힘들었어!!!

칠함 속에 담긴 건 바로 역적 팽월의 육장이오!

으악!

이것은 폐하의 경고이니 팽월의 전철을 밟지 않도록 조심하시오!

폐하가 나마저 손보려는 것인가!

내가 반란을 일으키지 않아도 죽는 건 매한가지다!

어쩌시려고요?

내 이미 병력을 이동 시키고 장수를 파견했다!

이에 영포는 선수를 치기로 결심했다.

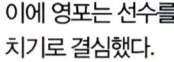

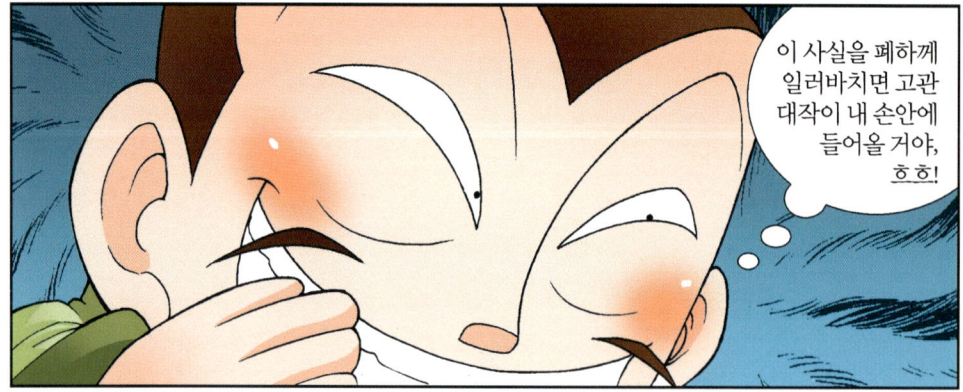

이 사실을 폐하께 일러바치면 고관 대작이 내 손안에 들어올 거야, 흐흐!

영포의 계획은 즉시 고조의 귀에 들어갔다.

영포가 반란을 일으켰다는 첩보가 들어왔다!

문제는 조정에 영포를 상대할 장수가 있느냐는 것입니다.

이 참에 태자를 한번 시험해 볼까?

영포는 신이 아니다! 아무나 보내도 그를 물리칠 수 있다!

53

영포는 흉포하기로 이름난 장수라 태자는 절대 그의 상대가 되지 못합니다!

으이구, 여자들이란.

게다가 전쟁에 잔뼈가 굵은 노장들이 어린 태자의 말을 듣겠습니까?

그들을 통제할 수 있는 사람은 오직 폐하뿐입니다.

여후는 이 소식을 듣고 깜짝 놀라 당장 고조의 침소로 달려갔다.

만약 태자가 죽는다면 저는 어떻게 살라고요?

제발 태자를 사지로 몰아넣지 말아 주세요!

울지 마시오! 짐이 노구를 이끌고 친히 영포를 정벌하면 될 것 아니오?

거참, 쉬려고 했더니!

54

고조가 대군을 이끌고 출정할 무렵 장량이 뵙기를 청했다.

장량, 요양 중인데 뭣 하러 배웅까지 나왔소?

신이 폐하를 따라 출전할 수 없어 배웅이라도 나왔습니다.

영포는 매우 용맹하니 절대 무리하게 맞서지 마십시오!

짐이 떠나 있는 기간에 조정 사무는 그대가 맡아서 처리하시오!

신은 이제 외부인인데다 몸도 성치 않으니 그 일은 태자에게 맡기는 게 좋겠습니다.

다만 주제도 모르는 말썽꾼들이 폐하께서 부재한 틈을 타 멋대로 날뛸지 모르니……

그럼 어찌 해야 하오?

폐하께서 조서를 내려 태자를 장수에 임명하고 전군을 통솔하게 하십시오.

태자에게 군권이 있으면 아무 문제 없을 것입니다.

고조가 정벌을 떠난 지 얼마 안 돼 영포의 군대와 맞닥뜨렸다.

좋소! 그대의 방법대로 따르리다!

영포야, 너는 왜 회남왕에 만족하지 않고 반란을 일으켰느냐?

그대가 한왕에 만족했다면 황위에 앉을 수 있었겠소?

저 역적 놈을 당장 공격해라!

화살을 쏴라!

와!

역적 영포가
도망치는 길에
기습을 받아
죽었습니다!

정말
잘됐구나!

와 씨!

장안으로
돌아갈 채비를
하라!

영포는 전쟁에서
패한 후 군사 백여
명을 이끌고 달아
나던 중 농가에서
죽음을 맞았다.

장안으로
가는 길에 고향
패현을 지나는데,
이것이야말로
금의환향 아니겠어!

고조는 패현에 이르러 연회를 베풀고 마을의 어르신들과 자제들을 모두 초청했다.

짐이 어르신들께 한 잔 올리겠소이다!

뿌듯하구먼!

짐이 금의환향 하게 될 날이 올 줄은 꿈에도 몰랐소!

폐하께서 고향에 오신다는 얘길 듣고 크게 기뻤습니다!

맞습니다!

앞으로는 폐하와 이렇게 술 한잔 기울일 기회가 없겠죠?

맞아. 그때 나와 함께 술을 마시던 장수들이 모두 내 손에 죽었구나!

이제 어디서 새로 용사를 뽑아 짐의 나라를 지킬꼬?

말씀하신 축을 대령했습니다.

짐이 노래 한 곡조 뽑을 테니 들어 보시오.

와!

큰 바람이 일고 구름은 높이 나네.

위풍을 해내*에 떨치며 고향에 돌아왔네. 어찌 용맹한 인재를 얻어 사방을 지키지 않을쏘냐!

고조는 고향을 떠나 숱하게 치른 전쟁의 회환에 젖어 「대풍가 大風歌」를 불렀다.

* 해내海內
바다로 둘러싸인 육지라는 뜻으로, 나라 안을 이르는 말.

짝짝짝

짝짝

정말 멋진 가락입니다!

짐이 어디에 있든 항상 고향이 그리울 것이오!

장안이 아무리 좋아도 패현만 하겠소!

고향에 보답하는 의미로 패현 백성의 세금을 면제해 주겠소!

감사합니다, 폐하

유방은 패현을 떠난 지 5개월 만인 기원전 195년에 파란만장했던 생을 마감했다. 이어 태자 유영이 즉위하니, 그가 바로 혜제(惠帝)이다.

소하의 제도를 조참이 그대로 따르다

유방은 생전에 아들 유비劉肥를 제왕齊王에 봉하고 대장 조참을 재상에 임명해 돕도록 했다. 분봉한 나라들은 명목상 조정의 통제를 받았을 뿐, 실제로는 모든 군정 대권을 장악했다.

이 많은 공문서를 다 보려니 현기증이 나네.

아직도 산더미야! 윽!

조참 대인, 제나라는 땅이 넓고 백성이 많아서 다스리기 쉽지 않습니다.

정무에만 너무 매달리시다 건강을 해칠까 염려됩니다.

교서 지방의 개공蓋公이란 자가 치국 이론에 정통하다던데. 그를 찾아가 가르침을 청해야겠다.

조참은 후한 예를 갖추고 개공을 찾아가 치국의 도를 물었다.

개공, 치국의 비결을 가르쳐 주십시오.

나라를 다스리는 것은 아주 간단합니다.

너무 건성으로 대답하는 것 아닙니까?

그럼 묻겠습니다. 농작물은 어떻게 해야 무럭무럭 자랍니까?

그거야 정해진 대로 매일 밭에 물을 대고 비료를 주면 잘 자라지요.

64

만일 며칠이라도 밭에 물을 대지 않고 비료를 주지 않으면 어떤 일이 벌어집니까?

농작물이 다 말라 죽죠.

날 놀리나?

나라를 다스리는 것도 이와 꼭 같습니다. 자기가 맡은 일을 착실하게 처리하면 그만이지요.

관가에서 규정대로 일을 하면 백성은 안정된 생활을 누리고 즐겁게 일해 경제는 더욱 발전하고 나라도 잘 다스려집니다.

한 가지 명심해야 할 점은 천하를 빼앗는 것은 무력에 의지하지만 천하를 다스리려면 정책에 의지해야 합니다.

정책이오? 들을수록 머리가 아픕니다.

사실 정책을 시행하는 것도 아주 단순합니다.

소 승상이 제정한 각 정책들은 매우 완벽하니 재상께선 그대로 따르기만 하면 됩니다.

아하, 그런 말씀이셨군요.

시간이 날 때마다 『노자』, 『장자』를 읽어 보시면 치국에 큰 도움이 될 것입니다.

조참은 개공의 가르침에 큰 깨달음을 얻어 『노자』읽기에 몰두했다.

도를 도라고 말할 수 있는 도는 진정한 도가 아니고……

무슨 책을 그렇게 집중해서 보십니까?

『노자』를 읽고 있었단다.

정말 훌륭한 책이야. 이 안에서 얼마나 많은 치국의 이치를 깨달았는지 몰라.

기원전 195년, 혜제 유영이 즉위한 해에 연로한 승상 소하도 병이 골수에 사무쳤다.

소 승상, 좀 어떠세요?

노신은 더 이상 폐하를 보좌하기 어렵겠습니다.

콜록 콜록

빨리 기운을 차리세요!

승상이 없으면 짐은 어디서 승상의 후계자를 찾습니까?

염려 마십시오. 조참에게 신의 자리를 맡기시면 됩니다.

지금 내가 아니라 폐하를 걱정하는 중? 나 참!

기원전 194년, 명승상 소하가 결국 세상을 떠났다. 조참은 이 소식을 듣게 되자……

소 승상께서 세상을 떠나셨다 합니다.

뭐?

너는 빨리 내 짐을 챙기거라!

어디 가시려고요?

소 승상이 세상을 떠났으니 그 자리를 이을 사람은 분명 나다.

그러니 미리 장안으로 갈 준비를 해 놔야 한다!

조참은 예상대로 소하에 이어 승상에 올랐으나, 반년이 지나도록 조정에 나오지 않았다.

조참이 승상 자리에 오른 후 매일 집에서 술만 마시고 정사는 돌보지 않고 있습니다.

이런! 승상이 계속 이러면 안 되는데.

가서 승상에게 잘 얘기하고 오너라.

알겠습니다!

조 승상이 저를 거들떠보지도 않습니다.

짐이 너무 어려서 깔보고 성심을 다해 보좌하지 않는 건가?

섭섭행~

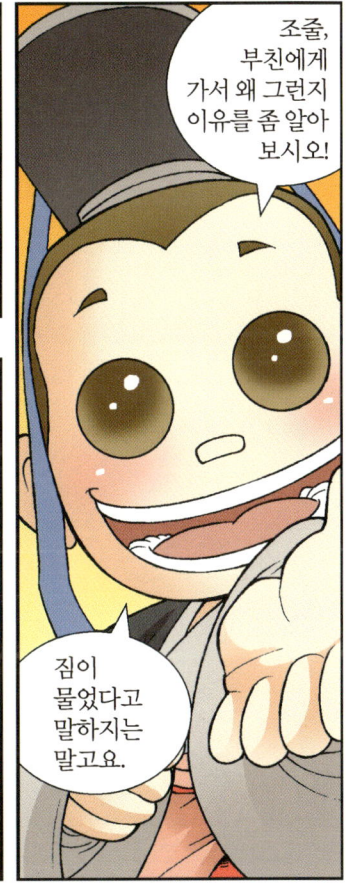

조줄, 부친에게 가서 왜 그런지 이유를 좀 알아 보시오!

짐이 물었다고 말하지는 말고요.

신의 부친은 폐하를 매우 존중합니다. 절대 그럴 리는 없습니다.

조줄은 휴가를 얻어 부친을 모시고 있다가 기회를 봐 혜제의 뜻을 전했다.

어린놈이 뭘 안다고?

아야, 때리지 마세요!

어디 감히 아비에게 함부로 지껄이느냐!

도대체 영문이나 알고 맞자고요.

혜제는 이 얘기를 듣고 조회 때 조참을 나무랐다.

승상은 왜 조줄을 때렸소? 그건 짐이 물어 보라고 시킨 것이오!

아직도 얼얼 하다구요!

용서해 주십시오! 신이 정사를 멀리 한 건 다 이유가 있어서입니다.

설마 말 못 할 사정이 라도 있소?

폐하와 선제를 비교했을 때 누가 더 영명 하십니까?

당연히 선제지요.

73

그럼 신과 소하를 비교하면요?

소, 솔직히 소 승상이 낮다고 생각하오.

폐하의 재능이 선제만 못하고, 신의 재능도 소하에 못 미칩니다.

되게 솔직하시네.

그렇다면 폐하와 신이 그들보다 나라를 더 잘 다스릴 수 있을까요?

선제와 소 승상이 남긴 완벽한 법령과 정책들은 매우 큰 효과를 보았습니다.

따라서 지금 폐하와 신은 이전의 정책과 법규를 그대로 답습할 뿐, 절대 고쳐서는 안 됩니다.

아하!

이처럼 조참은 비록 국사를 논하지는 않았지만 나라를 질서정연하게 다스리고 날로 번창하게 이끌었다. 여기서 소하가 제정한 법규를 조참이 그대로 따랐다는 뜻의 '소규조수蕭規曹隨'라는 고사성어가 나왔다.

이제야 알겠소! 승상의 말이 백번 옳소!

주발과 진평이 여씨 일족을 몰아내다

기원전 188년, 혜제가 세상을 떠났다. 그러자 여태후는 혜제의 어린 아들인 유공劉恭을 황제로 삼고 스스로 권력을 독점했다.

대신 진평과 주발은 훗날을 도모하기 위해 거짓으로 여씨 정권을 옹호하는 척하며 신임을 얻었다.

내 여씨를 왕으로 봉하려 하는데 대신들의 의견은 어떻소?

신은 반대합니다. 전에 고조께서 백마를 죽이며 "유씨가 아니면 왕으로 삼을 수 없다" 고 맹세한 일이 있습니다.

왕릉王陵, 저놈이 ......

신은 태후마마의 생각에 동의합니다.

당시는 고조께서 천하를 얻으셨으니 유씨를 왕으로 봉하는 게 당연했고

지금은 태후마마께서 천하를 관장하시니 응당 여씨가 왕이 돼야 합니다!

신도 진평 대인의 의견에 찬성합니다.

진평, 주발 너희들이 이럴 수 있느냐?

좋소. 그럼 그렇게 결정하겠소!

집에 가자~ ♪

진평, 잠깐 멈추시오!

76

그러고도 저승에서 고조 황제를 뵐 낯이 있으시오?

태황태후에게 대드는 재주는 그대가 나보다 낫지만, 천하를 안정시키는 재주는 내가 더 낫지 않소!

아주 잘났구려!

뭘 그리 당연한 말씀을.

승상부

휴, 양심에 거리끼는 일을 하려니 마음이 불편하구먼.

승~상!

누구요?

77

술로 마음을 달래는 걸 보니 무슨 걱정거리라도 있나 보군요?

휴……

육가 대형이 었구려. 깜짝 놀랐잖아요.

일인지하 만인 지상의 자리에 있는 승상께서 웬 한숨을 그리도 깊이 쉬십니까?

태황태후가 권력을 독점하고 여씨를 왕에 분봉하려 하는데 유씨 황실을 되찾아야 하는 나는 속수무책이라 그렇소.

혹시 좋은 계책이 있으면 좀 가르쳐 주시오.

그럼 제가 공자 앞에서 문자를 써 볼까요?

'문'으로는 나라를 다스리고, '무'로는 나라를 평정시킨다는 속담이 있습니다. 즉, 문무가 결합해야 천하가 안정된다는 말이지요.

태위 주발과 힘을 합치면 문무가 결합하여 여후에 대적하는 동맹이 결성됩니다.

주발은 전에 내가 뇌물을 받고 형수와 사통했다고 모함한 자인데, 그런 자와 어찌 힘을 합친단 말입니까!

그 일만 생각하면 분통이 터져서!

승상은 천하대세가 중요합니까? 아니면 사사로운 은원 관계가 중요합니까?

당연히 천하대세 지요!

아, 무슨 말인지 알겠습니다. 대의를 위해 주발과 힘을 합치겠습니다!

태황태후가 세상을 떠났소! 이제 여씨 집안은 버팀목을 잃은 것이나 다름없소!

정말이오?

진평은 바로 태위 주발을 찾아가 함께 유씨 황실을 재건하기로 맹세했다. 반년 후 마침내 이들에게 기회가 찾아왔다.

주허후에게 이 사실을 제왕에게 알리고 장안으로 출격해 여씨 일족을 멸하라고 했소이다!

하지만 군권이 아직 여산, 여록의 손에 있습니다.

그렇지 않으면 우리가 제왕과 내응이 될 텐데 말이오!

그럼 여록의 친한 친구인 역기의 부친을 인질로 잡고, 역기에게 여록이 군권을 내놓도록 종용하게 해 보면 어떻소?

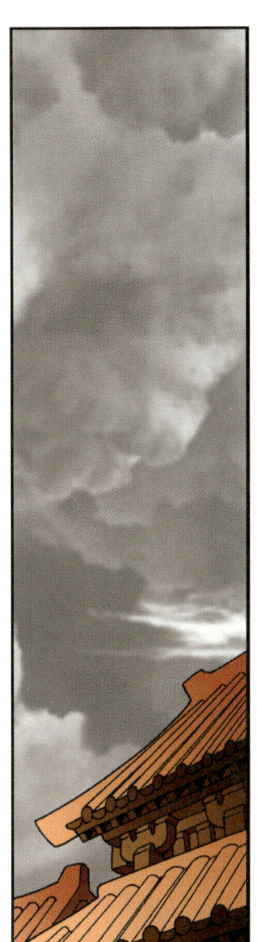

주 태위님!

역기, 어떻게 됐나?

여록의 집안 사람들이 모두 군권 내놓길 반대합니다.

탁

가증스런 놈들 같으니!

퍽!

회유 작전이 실패하자 진평은 여록의 병권을 빼앗기 위해 또 한 가지 계책을 생각해 냈다. 그는 황제의 옥새를 관장하는 기통을 여록의 군영에 보내 가짜 성지를 전달했다.

주 태위, 기 대인께서 어쩐 일이십니까?

황제의 옥새를 보고도 무릎을 꿇지 않느냐!

황제 폐하 만만세!

태위 주발이 북군을 관장하고 황궁을 보위하라는 폐하의 명이시다!

82

기통, 주발은 무슨 일로 오셨소?

지금부터 주발이 북군을 관장하고 황궁을 보위한다. 북군 장령 여록은 장군 인수를 내놓도록 하라.

폐하께서 조서를 전하라는 명을 내리셨소!

네?! 이렇게 갑자기.

폐하의 명에 따르겠습니다!

이렇게 손쉽게 병권을 빼앗다니, 정말 훌륭한 방법 이구려!

그러게 말입니다!

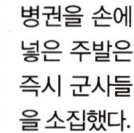
병권을 손에 넣은 주발은 즉시 군사들을 소집했다.

유씨 성을 지지하는 자는 왼쪽 팔을, 여씨 성을 지지하는 자는 오른쪽 팔을 걷어붙여라!

착
착
착

너희들의 뜻을 알았다. 당장 황궁으로 달려가 폐하를 보호하고 여씨를 제거하자!

와!
와!

미앙궁

주허후,
오셨습니까?

승상께서
태위와 함께
여산을 죽이
라고 명했소!

주허후 유장

여산이다!

휙~

게 서지
못하겠느냐!

멈춰라!

85

주허후
……

여산을
보았느냐?

방금 저를
뒷간에서 밀어
내고 저기 안에
숨었습니다.

콰앙!

여산이 주살된 후 주발은
여씨 일족을 참형에 처하라
고 명했다. 여태후를 믿고
유씨 황실 대신 권력을 좌
지우지한 여씨 일가는 이렇
게 연기처럼 사라졌다.

죽어라!

으악!

어부지리로 황제에 오른 유향

기원전 180년, 주발, 진평 등은 정변을 일으켜 여씨의 권력을 무너뜨리고 그 일족을 몰살했다.

여후의 외손들이 몇몇 살아 있으니 아예 화근을 없애야 하오.

혜제의 아들들 때문에 염려하는 것입니까?

그렇소. 지금 황제는 여후의 손에 옹립되어 외할머니의 복수를 한다고 우릴 죽일지도 모르오!

내 내일 당장 궁으로 들어가 혜제의 아들을 몽땅 죽이겠소!

임금 시해가 구족을 멸할 죄란 사실을 잊었소?

그럼 어쩌란 말입니까?

설마 가만히 앉아서 목이 잘리길 기다리란 말은 아니겠지요?

이런 무식한! 내 말뜻을 전혀 이해하지 못 했구려!

만약 지금 황제가 혜제의 아들이 아니라면 임금 시해가 성립할까요?

하지만 그는 분명 혜제의 아들 이잖소!

가짜가 진짜가 될 수 있고, 진짜도 가짜가 될 수 있다면 어떻겠소?

그러니까 이리이리 하면 ……

오, 정말 기발한 생각 이오!

진평과 주발은 자신들의 계획을 실행하려 조정으로 대신들을 불러모았다.

우리가 감쪽같이 속았소. 사실 혜제는 후사를 남기지 않았습니다!

여후가 대권을 독점하기 위해 밖에서 아이를 데려와 혜제의 아들인 척 꾸민 것이었소!

헉!

세상에!

말도 안 돼!

여후가 세운 황제는 황실 혈통이 아니니 황제 자격이 없소이다.

주발의 말이 옳소!

나라에는 하루라도 임금이 없어서는 안 되니

각자 황실 성원 중에 누구를 옹립할지 말해 보시오.

89

혜제는 고조의 아들이니 항렬에 따르면 다음 황제는 마땅히 고조의 손자가 돼야 합니다.

따라서 고조의 손자 중에 고르는 게 옳습니다!

누구를 옹립 해도 좋지만 절대 제왕은 안 됩니다!

흥분하지 말고 앉아서 천천히 얘기하시오.

제왕 유양劉襄은 이번 여씨 토벌에 큰 공을 세웠으니 그를 옹립합시다!

제왕이 바로 고조의 손자라 조건에도 딱 맞소!

제왕의 외삼촌인 사균은 성격이 난폭해서 그야말로 목줄 풀린 호랑이나 다름없습니다.

만약 제왕이 황제가 되면 사균은 더욱 거리낄 게 없어집니다.

일리가 있구려! 신임 황제는 외척의 전횡이 일어나지 않도록 가능하면 친척이 없는 게 좋겠소.

그럼 황손 말고 고조의 아들 중에 골라 봅시다!

회남왕 유장劉長은 모친이 일찍 돌아가시고 친척도 없으니 그를 옹립하면 어떨까요?

하지만 회남왕은 여후 손에서 자란 터라……

모자의 정이 깊소. 그는 분명 여후의 복수를 하려고 들 것이오.

그럼 그는 절대 안 되겠군요!

대왕代王 유항에게는 박소라는 외삼촌이 있는데, 사람됨이 효성스럽고 관대합니다.

그를 옹립하면 어떨까요?

대왕이 괜찮겠구려.

그럼 대왕을 새 황제로 옹립합시다!

대왕부

주 태위가 중신들이 날 황제로 옹립한다고 속히 경성으로 오라는데 어쩌면 좋겠소?

황제요?

오호~

태위 주발과 죽이 맞는 승상 진평은 속임수를 능수능란하게 구사하는 자입니다.

대왕을 장안으로 유인해 죽이려는지도 모릅니다.

장무의 말이 옳아. 좀 더 신중하게 판단해야 해.

저는 주 태위가 속임수를 쓰는 것 같지 않습니다.

오, 송창. 자네 생각을 말해 보게.

대왕은 고조의 친아들인데다 사람 됨이 너그러우시니 그들이 황제로 옹립하는 것은 당연합니다!

다들 일리가 있는 말이라 누구의 말을 들어야 할지 모르겠으니 ......

좋은 기회를 놓치면 다시 오지 않는 법!

이번 기회를 잃으면 후회하게 될 것입니다!

안 되겠다. 무당을 찾아가 점을 쳐 보고 길흉화복을 판단하자!

대횡*이 극히 분명하니 대왕께선 천왕이 되어 하계이광**할 것입니다.

* 대횡大橫
불로 그을린 거북의 등이 가로로 갈라짐. 대길을 뜻함.

** 하계이광夏啓以光
계가 부친 우임금을 빛냈듯이 보위를 이어 유방의 공업을 빛낸다는 뜻임.

점괘의 뜻은 내가 하나라 계처럼 천왕이 되어……

맞습니다.

나는 이미 대왕인데, 또 무슨 왕이 된다는 거지?

천왕은 대왕이 아니라 황제를 말합니다.

하늘이 정말 나를 황제로 삼으려는 건가? 하지만 만에 하나 이것이 그들의 간계라면?

외삼촌 박소를 장안에 보내 허실을 알아봐야겠어.

태위부

박 대인, 대왕은 왜 함께 오지 않으셨습니까?

94

대왕이 장안의 사정을 잘 몰라 일단 절 먼저 보낸 것입니다.

만약 이 주발이 대왕을 속였다면 천벌을 받고도 남을 것이오!

듣자니 말이 계속 거슬리는군요. 우리가 대왕을 속인다고 의심하는 것이오?

그건……

갑자기 황제로 추대한다는데 너 같음 의심 안 하겠냐?

주 태위께서 맹세까지 해 주시니 걱정이 눈 녹듯 사라졌습니다. 대왕에게 돌아가 당장 출발하라고 전하겠습니다.

덜컹

덜컹

대왕께 인사 올립니다!

다들 일어나시오!

95

대왕, 저랑 조용한 곳으로 자리를 옮겨 말씀 나누시지요.

앗!

나를 으슥한 곳으로 데려가 단칼에 없애려는 건가?

공적인 일이면 공공장소에서 하시고, 사적인 일이면 나중에 다시 얘기합시다.

그게 아니고요.

의심 되게 많네!

저는 다만 옥새를 바치려 한 것입니다. 현재 제 손에 옥새가 있는 걸 남들에게 알리기도 그렇고 해서…

난 아직 황제가 아니니 옥새를 받을 자격이 없소!

태위는 그만 거두어 주시오!

다들 대왕께서 황제에 오르시길 바랍니다. 그러니 거둬 주십시오.

그럼 여러분의 성의를 봐서 받도록 하겠습니다.

기원전 180년, 대왕 유항은 진평, 주발 등의 추대로 한 문제에 올랐다. 한 문제는 즉위 후 자신의 황위에 걸림돌이 되는 황족들을 냉대하고 구실을 찾아 차례차례 제거했다.

대왕이 입궁하자마자 혜제의 아들을 모두 죽여 버리다니 ……

혜제의 아들을 살려 두면 귀찮아진단 말이지.

그래서 후환을 완전히 제거해 버린 것 아니겠소?

그는 성품이 인자하다고 하던데 왜 갑자기 사람이 돌변한 걸까요?

심계가 깊지 않았다면 여후의 마수에서 벗어날 수 있었겠소?

잔혹할 때는 조금도 사정을 봐 주지 않고, 몸을 숙일 때는 도광양회*한다?

이 황제는 우리 생각만큼 만만한 상대가 결코 아니야!

어쨌든 잘된 일 아니오. 황제의 아들을 죽이라고 주청할 필요가 없어졌으니.

그건 맞소.

한 문제 유항은 빠르게 자신의 세력을 키워 나가 진평, 주발을 위시한 노신들을 배격했다. 이후 공신들을 차례로 제거하고 조정에 자기 사람들을 심어 중앙집권체제를 강화했다.

* 도광양회 | 韜光養晦
  자신의 재능이나 명성을 드러내지 않고 참고 기다린다는 뜻.

황제의 출입도 막은 세류영

한 문제가 등극한 지 얼마 지나지 않아 흉노가 또 군사를 일으켜 한 나라 국경을 침범했다.

흉노가 군사를 두 길로 나누어 국경을 침범하고 있습니다!

즉시 주변의 군대를 국경에 보내 막도록 해라!

유례, 서려, 주아부 삼로군은 장안 부근에 주둔하며 경성을 지켜라!

짐이 직접 장안 부근에 주둔한 삼로군을 위문하여 사기를 진작시키겠다!

패상 군영

봐, 저기 폐하의 어가야!

정말이네!

패상의 군영은 너무 어수선하고 규율이 전혀 엄격하지 않아!

신 유례 폐하를 배알 합니다!

일어 나시오!

장수들이 평상복 차림 이라니……

100

아! 이런 상태의 군대가 출정하면 분명 참패하고 말 텐데…

그럼 수고하게. 짐은 다른 군영을 시찰하러 가야 겠소.

살펴 가십시오!

극문 군영도 매우 산만하군. 세류영細柳쯅 역시 마찬가지 아닐까 걱정이야.

한 문제는 극문 으로 달려 갔지 만 역시나 기강 이 엄정하지 않 고 군사들은 규 율을 따르지 않 았다.

다다다

세류영

누구냐?

폐하의 어가가
당도했으니
문을 열어라!

군중에서는
오직 장군의 명을
따를 뿐, 황제의
명을 듣지 않소!

뭐라고?

나 잘못 들은
거 아니지?

페하,
문제가 좀
생겼습니다!

무슨
일이냐?

수문병이
들어가지 못
하게 막고
있습니다!

짐이
내려서 얘기해
보겠다.

페하께서
여기 계시는
데도 문을 안
열겠느냐?

장군의 명이
아니면 절대 문을
열 수 없소!

뭐라?

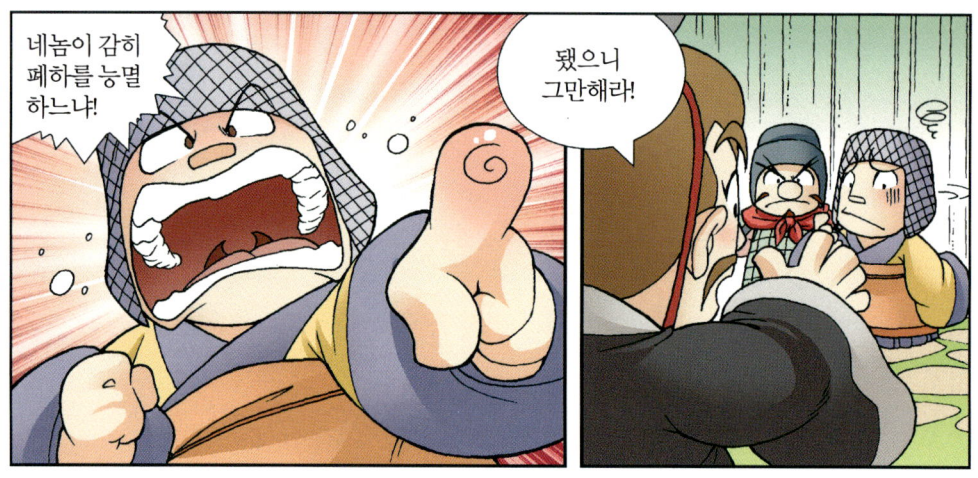

* 부절符節
예전에는 돌이나 대나무, 옥 따위로 만들어 신표로 삼던 물건. 주로 사신들이 가지고 다녔으며, 둘로 갈라 하나는 조정에 보관하고 하나는 본인이 휴대하여 신분의 증거로 사용함.

104

마부에게 수레를 천천히 몰도록 해라!

주아부의 군대는 훈련이 잘돼 있고 군영의 경비가 삼엄하며 사병들도 일사불란하구나.

패상, 극문과 세류영을 비교하면 그야말로 천양지차가 난다.

신 주아부 폐하께 인사 드립니다!

갑옷을 입은 장수는 무릎을 꿇는 예를 올리지 못하니

군례로 폐하를 배알하는 점 용서해 주십시오!

106

예를 생략해도 좋다!

폐하께서 특별히 군사들을 위문하러 행차 하셨습니다.

성은이 망극합니다!

위문 물품을 모두 내오너라!

예, 폐하!

감사합니다, 폐하!

훈련이 잘된 군대라 짐이 기쁘고 안심이 되오. 그럼 이만 가 보리다!

배웅해 드리지 못하니 살펴 가십시오.

강후 주발의 아들임에 전혀 부끄럽지 않도다!

한 문제는 세류영을 치하하고 입궁했지만 측근들은 모두 주아부의 무례에 분개했다.

주아부란 자는 너무 무례합니다!

네가 뭘 안다고 그러느냐? 이것이 바로 군기다!

하, 하지만…

군기가 엄정하여 방문자는 누구나 똑같이 대해야 군영의 안전을 보장할 수 있다.

강적이 앞에 있는데 패상이나 극문처럼 군사를 다스리면 나라는 망하고 만다!

109

흉노의 군대가 전원 철수하면서 국경도 점차 안정을 되찾았다.

흉노가 이미 물러 갔으니

장안 부근에 배치한 삼로군을 그만 철수시킬깝쇼?

그들에게 철수하라고 명하라!

그리고 주아부를 중위에 임명해 장안으로 발령 내려라!

예, 폐하!

훗날 한 문제는 임종 전 태자에게 이르길 만일 천하가 크게 어지러워지면 중용할 수 있는 장수는 오직 주아부뿐이라고 신신당부했다.

주아부가 경성을 지키면 황궁의 안전도 보장된다.

순우제영의 상소로 육형이 폐지되다

한 문제 때 형법은 진나라 보다 많이 느슨해지긴 했 지만 수많은 잔혹한 형벌 이 여전히 시행되었다.

문을 열어라!

나리, 무슨 일이 십니까?

순우의淳于意를 포박해라!

다짜고짜 왜 이러십니까?

우리 아빠 풀어 주세요!

제영아, 나오지 마라!

순우의는 제왕을 치료하다 죽게 만들었으니 육형에 처한다. 내일 장안으로 압송해 형을 집행한다!

전 억울 합니다!

나리, 육형이 뭔가요?

코를 베거나 손발을 절단하는 형벌이다.

네?

다음날 순우의는 형벌을 받으러 장안으로 압송되었다.

아빠!

아, 딸보다 아들을 낳았어야 했는데!

아빠, 그게 무슨 뜻이에요?

아들은 아비를 대신해 형벌을 받을 수 있지만 딸은 아니란다.

113

남자가 한다면 저도 할 수 있어요!

제가 아빠와 함께 상경해서 폐하께 아빠 죄를 사면해 달라고 청할 거예요!

제영아?!

멈춰라!

폐하를 제발 만나게 해 주세요! 우리 아빠 죄를 사해 달라고 빌어야 한단 말이에요!

어린애 잖아?

이건 성문 호위병이 올린 것인데, 어떤 여자아이가 쓴 상소랍니다.

여자아이의 상소라고?

저는 순우제영이라는 제 땅의 연약한 소녀입니다.

제 아버지 순우의가 태창 현령을 지낸 적이 있었는데……

죄를 범해 육형에 처해졌습니다.

저는 아버지 때문에 너무 괴롭고, 또 육형을 당한 사람들 때문에 마음이 아픕니다.

수족이 잘린 사람은 평생 불구로 살아야 하고, 코를 잘린 사람은 코가 자라지 않습니다.

그들이 후회하고 개과천선한다 해도 몸의 상처는 영원히 지울 수 없습니다.

그러니 아버지가 속죄하고 새사람이 될 기회를 주시기 바랍니다.

이 소녀의 효심이 나의 마음을 울리는구나. 지금 시행되는 육형은 사실 너무 잔혹하긴하지…

문제는 대신들을 소집해 육형 폐지 문제를 논의했다.

형벌의 목적은 범죄자를 새사람으로 만드는 것이오.

그런데 지금 범죄자 처벌은 개과천선이 아니라 그들을 평생 불구로 만들고 있소!

이에 짐은 육형을 폐지하기로 결정했소!

예, 폐하!

경들은 육형을 대신할 방법을 찾아보도록 하시오!

쑥덕 쑥덕

웅성 웅성

소곤 소곤

장창, 의논을 다 끝냈소?

신들이 육형을 대체할 몇 가지 방안을 생각해 봤습니다.

얼굴에 먹실을 써 넣던 경형은 노역형으로 바꾸고, 코를 베는 비형은 곤장 3백 대로 대신하며……

좋소. 그리하도록 합시다!

성은이 망극하옵니다.

순우의, 짐은 자네의 죄를 사하기로 결정했다.

기원전 167년, 문제는 정식으로 육형을 폐지한다고 반포했다.

일어나라! 짐에게 감사하지 말고 네 딸에게 감사해야 할 것이다!

네 딸은 담력이 있고 효심이 깊어서 여느 남자아이 못지않다!

과찬이십니다!

네 의술이 매우 뛰어나다던데 스승은 어떤 사람이냐?

저는 공손광과 공승양경을 스승으로 모셨습니다.

오, 명의를 스승으로 두었구나. 너는 그들의 의술을 세상에 널리 펼치도록 하라!

명에 따르겠습니다!

그런데 자네는 환자를 치료할 때 항상 짜증을 부린다던데……

이후에는 환자를 제 가족처럼 여기고 정성을 다해 돌보겠습니다.

꼭 그러도록 하게!

꼭! 꼭! 그러하겠습니다.

제영이
돌아왔다!

제영아,
정말
대단했어!

네가 아버지
목숨을 구한 건 물론
이고 세상을 위해
훌륭한 일까지
했구나!

네가 목숨을 걸고
상소를 올린 덕분에
폐하께서 육형의
잔혹함을 깨닫고
폐지하게 됐잖니!

121

2년 후

육형을 폐지한 지 2년이 지난 지금, 범죄가 눈에 띄게 줄었습니다.

정말이냐?

형벌이 경감되면 범죄가 늘어나지 않을까 우려했는데 다 기우였어!

제영의 상소는 중국 법 제사에서 중대한 의의를 지닌 사건이었다. 이 이후로 법률은 점차 관대하게 바뀌었다.

이후부터는 양형을 가능한 한 낮춰 주고, 판결도 신중히 내리라는 명을 전하라!

예, 폐하!

순우의는 고향으로 돌아가 성실하게 의술을 행해 명의로 이름을 날렸다.

122

한 下

赴下

漢

인물 소개

장석지 張釋之
문제와 경제 두 제왕을 섬기며 관직은 정위*에 이르렀다. 법을 공명정대하게 집행하기로 유명했다.

* **정위** 廷尉
형벌을 맡아보던 벼슬.

한 문제 文帝
이름은 유항劉恒. 한의 5대 황제로 재위 기간 동안 백성의 세금과 요역을 덜어 주는 정책을 꾸준히 실시하여 한나라가 초기에 안정을 찾고 번영으로 나아가는 데 일조했다. 후세에는 그와 그의 아들 경제의 집권 시기를 '문경文景의 치治'라고 통칭한다.

조조 晁錯
문제 때의 모사로 경제가 '지혜 주머니'로 존경했다. 칠국의 난이 일어나 서안 저자거리에서 허리가 잘려 죽었다.

한 경제 景帝
이름은 유계劉啟. 문제의 장자로 서한 6대 황제이다. 16년간 재위했다.

한 무제 武帝
이름은 유철劉徹. 서한의 7대 황제로 한나라 전성기를 이끌었다.

이광 李廣
서한의 명장. '비장군飛將軍'으로 일컬어졌다.

동방삭東方朔
정치 득실을 즐겨 논하고
'농전農戰'으로 나라를 부강하게
만드는 계책을 올렸다.
그러나 무제는 시종 그를 광대로
대하고 중용하지 않았다.
일생 동안 수많은 저술을
남겨 후대인이 이를 모아
『동방태중집東方太中集』으로 엮었다.

위청衛靑
무제 때 흉노를 물리친
장수로 곽거병의
외삼촌이다. 흉노와
일곱 번 싸워 모두
승리를 거둬 병가의
추앙을 받았다.

장건張騫
한나라의 뛰어난
외교관이자 탐험가,
여행가이다.
실크로드를 개척하는 데
큰 공을 세웠다.

동중서董仲舒
서한 때 시대를 주도한
사상가이자 유학자이다.
무제가 동중서의 건의를
채택함으로써 유학은 관방
철학의 지위를 누렸다.

곽거병霍去病
무제 때의 명장으로
대사마와 표기장군을
지냈다.

소무蘇武
서한의 대신으로 흉노에
사신으로 갔다가 그곳에
억류되었다. 후에 북해로
옮겨가 양을 치며 살면서도
끝내 절개를 꺾지 않다가
19년 만에 한나라로
풀려났다. 소무가 죽은 후
선제는 그를 기린각 11공신
가운데 한 명으로 추존하여
절개를 드러냈다.

공명정대한
장석지

무슨 일이냐?

누가 갑자기 다리 밑에서 기어 올라와 말이 깜짝 놀랐습니다.

그를 잡아들여 정위 장석지에게 심문하도록 하라!

예, 폐하!

정위부

네놈이 간뎅이가 부었구나! 감히 폐하의 행차를 방해하다니!

모… 목숨만 살려 주십시오!

130

저는 그때 길을 비키라는 소릴 듣고 한참을 다리 밑에 숨어 있다가 행렬이 지나간 줄 알고 나왔다가 그만……

폐하의 어가와 마주칠 줄 꿈에도 몰랐습니다.

그리 된 거였군.

어쨌든 어가를 놀라게 한 죄를 지었으니 벌금 넉 냥을 내린다!

휴~ 목이 달아나는 줄 알았는데 다행이다.

장석지는 심문 경과를 문제에게 보고했다.

뭐? 고작 벌금 넉 냥 이라고?

그렇 습니다.

그 말이 온순했기에 망정이지 하마터면 짐이 다칠 뻔했다!

그래서 신이 벌을 내렸 잖습니까?

그러니까 왜 고작 벌금 넉 냥이냔 말이다! 적어도 목을 베었어야지!

나 누군지 몰라?!

펄쩍!

천자든 평민이든 죄를 범하면 똑같은 형벌을 적용해야 합니다. 법률이 이러한데 처벌을 가중한다면 백성에게 신임을 얻기 어렵습니다.

그렇다면 폐하께서는 그때 그 자리에서 그를 죽이라 하셔도 그만이었습니다.

그러나 지금은 그를 저에게 넘기셨기 때문에 저는 정위의 직책을 다한 것뿐입니다.

명판관인 그대를 짐이 오해했구려.

폐하, 고조 사당 안의 옥고리를 도난 당했습니다.

대담한 놈 이구나. 감히 사당 안의 물건을 훔치다니!

즉시 조사를 벌여 3개월 안에 범인을 잡아 정위에게 넘기고 엄중히 처벌 하도록 하라!

마침내 범인이 잡혀 장석지가 그를 심문하게 되었다.

네가 옥고리를 훔쳤다는 확실한 증거가 나왔는데도 죄를 부인하느냐?

소인이 죽을죄를 졌습니다.

황제의 물품을 훔친 죄는 법률에 따라 사형에 처해 마땅하다!

목숨만 살려 주십시오!

범인에게 서명을 받고 옥에 가둔 후 사형 집행을 대기하라!

장석지는 문제를 찾아가 재판 결과를 보고했다.

134

고조 사당을 턴 도적놈인데 달랑 그놈만 사형시킨단 말이냐?

법률에 따라 사형에 처했을 뿐, 판결을 잘못 내리지 않았습니다.

짐이 왜 그대에게 이 사건을 맡긴 줄 아나?

범인에게 중벌을 내려 적어도 그의 구족을 멸하라는 뜻이었다. 그런데 그놈만 사형이라니!

법률상 절도죄의 최고 형벌은 사형입니다. 참수와 멸족은 법률적 판단 근거가 전혀 다릅니다.

그대가 이렇게 판결했으니 짐이 무슨 낯으로 조상을 뵙겠느냐?

만약 어느 미친놈이 고조 황제의 능묘를 도굴했다면 어떻게 하시겠습니까?

털썩

뭐?

황릉 도굴은 사당 절도보다 훨씬 더 죄가 막중합니다!

사당 절도죄로 구족을 멸한다면 황릉 도굴죄는 어떤 판결을 내려야 할까요? 임의대로 판결을 내린다면 법률이 무슨 소용이 있겠습니까?

터덜
터덜

쿵

아야!

폐하가 정신을
딴 데 팔고 걷는
걸 보니 무슨 걱정
거리가 있군요?

이 어미
에게 다 말해
보세요.

그러니까
일이 여차여차
해서……

137

장석지의 말이 옳아요. 이 사건은 당연히 법률대로 처리해야죠.

하지만 그러면 황족의 체면이 뭐가 됩니까?

체면이 중요한가요, 공정함이 중요한가요?

폐하가 어렸을 때 형들에게 괴롭힘을 당하면 정의의 사도가 나타나 주길 바랐던 적이 있었죠?

아……

어마마마께서 이 아들을 깨우쳐 주셨습니다!

흐뭇

자네 참 대담하더군. 감히 폐하께 대들고 말이야.

피장파장 아닌가!

세류영에 있을 때 폐하 앞에서 무릎을 꿇지 않았던 게 누구였더라?

에?!

지금 밖에 나가면 사람들이 장석지만 알지, 이 주아부는 아무도 모른다고!

에이, 사람 놀리지 말게나.

혹시 장 정위님 아니십니까?

맞네만.

139

무슨 억울한 사정이라도 있나?

아닙니다!

장 대인께서 저희 일가의 목숨을 구해 주신 은혜에 감사 드릴 따름입니다.

넙죽

그만 일어나게. 난 단지 맡은 바 본분을 다한 것뿐일세.

공명정대한 장 대인님!

장 정위님이 오신 후로 세상에 억울한 일이 사라 졌습니다!

조조로 인해 오초칠국의 난이 일어나다

기원전 157년에 한 경제가 즉위했다. 당시 봉지를 받은 왕들은 실력이 막강하여 조정의 명령을 전혀 듣지 않았다. 이에 대신 조조가 경제에게 왕들의 권력을 약화시키는 방안을 건의했다.

초왕이 태황태후의 장례 기간에 궁녀들과 즐기며 놀았습니다. 법령에 따라 참수형에 처해 마땅합니다!

희!

조조, 사람을 중상 모략하지 마라!

신의 손에 확실한 증거가 있습니다!

폐하,
목숨만 살려
주십시오!

쿵

초범임을
감안하여 사형은
심하고 동해군을
나라에 바쳐라!

감사
합니다,
폐하!

조조는 왕들의 권력을 약화시키기 위해
'삭번削藩' 정책을 추진, 즉 왕들의 봉토를
줄여 중앙 권력을 강화하려고 하였다.

교서왕이
몰래 관직을
매매하여 법률을
어겼습니다!

저…
저요?!

폐하, 죽을죄를 졌습니다!

털썩

그럼 벌로 그대의 봉지 중 6개 현을 바쳐라!

이 소식은 오왕 유비의 귀에도 들어갔다.

초왕이 동해군을 바치고, 교서왕이 6개 현을 바쳤으며, 조왕이 상산군을 바쳤다고?

대왕, 큰일 났습니다!

응고, 무슨 일인데 이리 호들갑이냐?

조조가 대왕께서 20년간 한 번도 입조 하지 않았다며 회계군과 장군을 뺏어야 한다고 탄핵했습니다.

흥!

탁!

감히 내 땅을 빼앗겠 다고? 꿈도 꾸지 마라!

대왕, 앉아서 죽음을 기다리느니 차라리 선수를 치는 게 어떻겠습니까?

네 말뜻은 ……

모반 입니다!

군사력이 모자랄까 염려된다면 다른 왕들과 연합하면 됩니다.

오, 좋은 생각이다!

교서왕 유앙은 용맹하고 병법에 밝다. 게다가 최근에 봉지를 삭탈당했으니 먼저 그를 설득해 보자.

너는 당장 교서왕을 찾아가 그의 의중을 알아 보아라!

예!

교서국

폐하께서 지금 간신의 참소만을 믿고 왕들의 봉지를 삭탈했습니다.

오나라와 교서국이 오늘은 봉지를 삭탈당했지만 내일은 어쩌면 멸망당 할지도 모릅니다.

145

처마 밑에 있으면 고개를 숙일 수밖에 없는 법. 난 신하된 자로 폐하를 따를 뿐이다.

오왕도 매우 걱정이 돼 특별히 저를 보내 이 일을 의논하게 한 것입니다.

대왕께서 오왕과 함께 기병하여 후환을 영원히 제거하시지요!

그런 말을 어찌 함부로 내뱉느냐!

누가 들을까 겁나는구나.

올해는 혜성이 나타나고 메뚜기가 창궐하여 모반을 일으킬 적기입니다.

천하 평정 후 대왕과 오왕이 천하를 절반씩 나눠가지면 얼마나 좋습니까!

오왕 유비의 호소에 초왕 유술, 조왕 유수, 제남왕 유벽광, 치천왕 유현, 교서왕 유앙, 교동왕 유웅거가 합세하여 마침내 반란을 일으켰다. 이를 '오초칠국吳楚七國의 난'이라고 부른다.

폐하께서 친히 전장에 나가 반군을 토벌하십시오!

짐은 병법만 거론해도 머리가 아픈데 직접 싸우라니요?

폐하께서 친정해야 사기가 고무돼 전란을 잠재울 수 있습니다.

그럼 좀 더 생각해 봅시다.

하지만…

이 판국에 생각이라니.

147

경제가 친정을 주저하고 있을 즈음 조조와 앙숙인 원앙袁盎이 입궁했다.

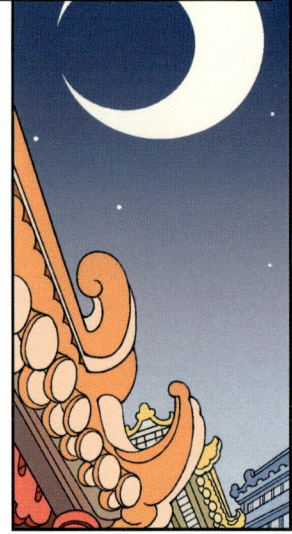

원앙, 무슨 일로 한밤중에 찾아왔소?

신에게 병사를 하나도 허비하지 않고 전란을 평정할 방법이 있습니다.

그럼 전장에 안 나가도 되겠군!

오왕은 황제 곁의 간신 제거를 기치로 내걸고 모반을 일으켰는데, 그 간신은 바로 조조입니다. 그러니 조조를 죽이면 오왕도 자연히 물러갈 것입니다.

히히, 조조 안녕이구나!

조조는 재능도 없이 잔꾀만 부릴 줄 아니 그를 죽입시다!

무슨 중요한 국사길래 이른 아침부터 폐하께서 궁으로 부르시는 거지?

중위 대인, 이쪽은 황궁으로 가는 길이 아니 잖소?

조조는 빨리 마차에서 내려 어명을 받들라!

여기는 사형을 집행하는 곳인데, 왜 이곳에서 어명을 내리는 것이오?

눈치도 없긴!

폐하께서 널 죽이라고 명하셨다!

헉!

149

왕들의 세력을 약화시켜 황권을 강화하려던 조조의 꿈은 물거품이 되고 허무하게 형장의 이슬로 사라지고 말았다.

잘했다!

폐하의 명대로 조조의 허리를 베어 죽였습니다!

오왕 등이 트집을 잡지 못하도록 더 확실한 조치를 취해야겠다.

당장 조조의 삼족을 멸하도록 하라!

네?

하지만 일은 경제의 예상대로 흘러가지 않았다.

오왕이 군대를 물리려 하지 않습니다!

150

조조를 죽이면 군대가 물러간다고 하지 않았소?

끙...

아! 그럼 누구를 보내 저들을 정벌한단 말이냐?

맞아. 부황께서 임종 전에 주아부가 대임을 맡을 만한 장수라고 했지.

경제는 주아부에게 오·초 등의 반란을 진압하도록 명했다.

장군!

저는 조섭이라 하는데 감히 장군께 계책을 올립니다.

어서 말해 보게.

지금 함곡관을 경유해 형양으로 곧장 가실 예정이지요?

맞네.

그 길은 형양으로 바로 통하는 길이라 오왕은 틀림없이 중간에 매복을 심어 두었을 겁니다.

따라서 남전에서 무관으로 우회해 형양으로 들어가십시오. 이 길은 너무 외져서 이리로 오리라고는 상상도 못 할 것입니다.

선생의 대단한 식견에 감탄했습니다!

과찬이십니다!

주아부는 3개월 간의 공방 끝에 칠국의 난을 평정했다. 경제는 이 기회에 각 제후국의 권력을 대부분 거두어들이고 황권을 공고히 했다.

152

뜻을 이루지 못한 비장군 이광

기원전 130년, 흉노의 선우가 친히 대군을 이끌고 상곡을 침입했다. 한 무제는 위청, 공손오, 공손하, 이광에게 각각 기병 1만을 거느리고 네 길에서 흉노를 막도록 했다.

잘 들어라! 먼저 군대를 집중해 이광이 지키고 있는 안문관을 공격할 것이다!

이광은 얻기 어려운 명장이니 반드시 사로잡아라!

안문관

내가 안문관 지리를 훤히 꿰고 있으니 흉노는 이번에 죽었다!

장군, 흉노가 쳐들어 옵니다!

전군에 소집령을 내리고 전투 태세를 갖춰라!

쿠궁-

돌격!

이광은 죽을힘을 다해 싸웠지만 결국 흉노의 포로 신세가 되고 말았다.

우리가 이광을 사로 잡았다!

천호장은 이제 따 놓은 당상이다!

윽, 내가 흉노에게 사로잡히다니 ......

도망칠 방법을 찾아보자.

이광은 적들이 방심한 틈을 타 그물을 찢고 탈출을 감행했다.

얍!

퍼억~

158

죽기
싫으면
비켜라!

너무
무서워
......

이광의 놀랄 만한 활솜씨와 기마
술에 깊은 인상을 받은 흉노인은
그에게 '비장군'이라는 별명을 붙
여 주었다. 이광은 한군 진영으로
돌아왔지만 지휘 실책 때문에 정
위부에 압송돼 심문을 받았다.

이광, 죽고 다친
부하가 부지기수
에다 너는 적에게
사로잡혔으니 군법에
따라 참수형에 처해
마땅하다!

아… 구사
일생으로 살아
돌아왔건만.

만약
죽음을 면하고
싶다면 벌금으로
속죄하라!

좋소,
벌금을 내겠소.

159

또한 이후 모든 관직을 박탈하고 평민으로 강등한다!

헉, 돈까지 내는데…

이광은 평민으로 산 지 수년이 지났지만 그의 마음은 늘 전쟁터를 향해 있었다. 그러던 어느 날……

다시 한 번 전쟁터에 나가 싸울 기회를 달라!

아, 대인이 또 취하셨어……

어떤 놈이 통금령을 어기고 한밤중에 큰소리로 떠드느냐?

여봐라, 저놈을 당장 잡아들여라!

그 후 얼마 되지 않아 흉노가 다시 침입해 국경을 유린하자 무제는 이광을 다시 궁으로 불러 들였다.

이광, 우북평에 흉노가 자주 출몰하니 우북평태수를 맡아 흉노를 꼭 막아 내라!

다시 기회가 왔구나!

신이 패릉위를 데리고 우북평으로 가도 되겠습니까?

그러시게.

패릉위, 날 기억하느냐?

이 장군?

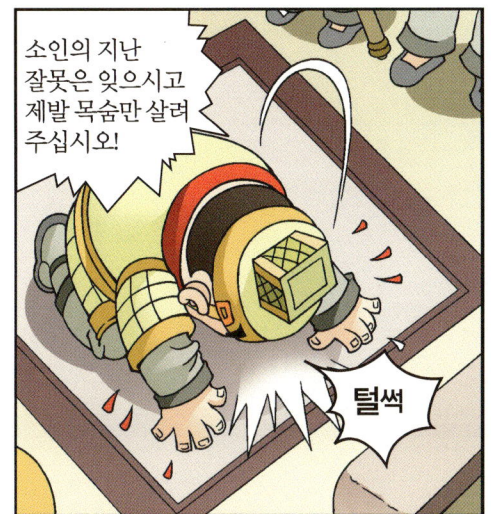

소인의 지난 잘못은 잊으시고 제발 목숨만 살려 주십시오!

털썩

흥! 전에 네놈은 날 풀어 주었느냐!

당장 저놈을 끌고 가 목을 베어라!

살려 주세요!

기원전 123년과 121년에 이광은 대장군 위청, 표기장군 곽거병과 두 차례 흉노로 출격했지만 아무런 전공도 세우지 못했다.

왕삭 선생께서 관상을 잘 본다 하여 특별히 찾아왔습니다.

사양하지 마시고 뭐든지 물어보십시오.

제 부하들 중 흉노를 무찌른 공으로 봉후에 임명된 자가 열 명입니다.

제 능력이 그들보다 못하지 않은데 지금까지 봉작을 받지 못한 이유가 무엇입니까?

163

혹시 평생 후회할 만한 잘못을 저지른 적이 있습니까?

잘못이오?

그러고 보니 강족의 반란을 진압할 때 포로를 남김없이 죽인 일이 있소.

장수가 포로를 몰살하는 것은 가장 큰 죄입니다. 지금 그 업보를 받는 중입니다.

장군은 극단적이고 충동적인 성격에 하찮은 원한도 반드시 갚고 마니 무슨 큰일을 이루겠습니까?

줄곧 운이 없다고만 여겼는데 선생의 말을 듣고 보니 나 자신에게 가장 큰 문제가 있었군요.

기원전 119년, 이광은 전장군에 임명돼 대장군 위청과 함께 흉노를 공격했다가 사막에서 길을 잃고 전투를 망쳤다. 그는 부끄럽고 분한 마음에 스스로 목을 찔러 실의에 젖은 채 일생을 마감했다.

흉노 토벌의
일등공신, 위청

기원전 135년, 흉노가 한나라에 화친을 청하자 무제는 대신들을 소집해 이 문제를 논의했다.

흉노가 또 화친을 청했는데 어찌 하면 좋겠소?

신은 화친에 반대 합니다.

화친의 목적은 전쟁을 피하는 것인데 전례로 보아 흉노는 전쟁을 포기하지 않았습니다. 그러니 흉노와 일전을 불사해야 합니다!

왕회의 말은 틀렸습니다. 신은 흉노의 요구를 받아들여야 한다고 봅니다.

뭐요?

고조께서는 흉노를 쳤다가 평성에서 이레 간 포위되었고,

문제께서도 대 땅을 지킬 때 흉노로 쳐들어 갔다가 빈손으로 돌아왔습니다.

그렇지.

이 사실들로 미루어 흉노를 정복 하기란 매우 어렵습니다.

옳거니!

흉노를 정복할 수 없다니! 진나라의 몽염은 흉노를 물리쳤잖소?

내 알 바 아냐.

어쨌든 화친이 좋은 방법이오.

의견이 모아
지지도 않고 필승의
비책도 없으니 화친
하기로 합시다!

홋!

제길!

위청, 자네 형
위 장군이 변경에서
흉노를 막다가
전사했지?

형님만
생각하면
……

전선의 장수들은
죽음으로 흉노를 막고
있는데 대신들은 화친이
냐 싸우느냐로 논쟁이
끊이지 않고 있다.

짐은 그들에게 크게 실망했네.

신이 출전해 흉노를 격퇴하겠습니다!

장하구나! 짐이 네게 기회를 주겠다!

기원전 130년, 한 무제는 위청, 공손오, 공손하, 이광에게 각각 기병 1만을 거느리고 네 길에서 흉노를 막도록 했다. 이것이 위청의 첫 번째 출정이었다.

이광 장군의 명성이 가장 높아 흉노의 주력부대는 그쪽으로 몰릴 것이다. 이는 우리에게 좋은 기회가 될 수 있다.

좋은 기회라 하심은……

흉노의 군대가 총출동하면 후방은 틀림없이 빌 것이다!

아하, 그렇군요!

우리는 흉노의 본진인 용성으로 진격한다!

다다다

건장한 병사들이 모두 전선으로 나가고 여기는 늙고 병든 자들밖에 없다!

돌격!

죽여라!

사람 살려!

한군이 쳐들어왔다!

하하, 깃발을 들자마자 승리를 거뒀구나!

위청의 용성 점령은 이번 출격에서 거둔 유일한 전과였다. 또한 이 전투는 한나라가 최초로 흉노에게 거둔 승리로, 마침내 '흉노 불패'의 신화를 깨뜨렸다.

위청, 승리를 거둔 비결을 말해 보게.

흉노와 정면 대결해서는 승산이 없고 허점을 노려 공략해야만 합니다.

모든 장수에게 자네의 작전을 알려 주도록 하게.

폐하, 한 가지 제안이 있습니다.

말해라.

지금처럼 수동적으로 흉노의 침범을 막기보다 우리가 먼저 공격에 나서서 그들을 멀리 쫓아 버리면 어떻겠습니까?

일리가 있다.
이제 전술을 바꾸
도록 하자!

기원전 127년, 흉노가 동쪽
국경을 침범하자 무제는
허점을 노리자는 위청의
전술에 따라 군대를 서쪽
방면으로 출동시켰다.

이번 성동격서
작전은 흉노의 정탐을
피할 수 있느냐가 성패
의 관건이다!

하투 북쪽으로는
장성과 음산이 이어져
있어 해가 뜨면 커다란
그림자가 생긴다. 그 그림자
안에 숨어 있으면 흉노에게
발각되지 않을 것이다.

음……

또 길가의
유목민을 모두
잡아들여 정보가
새나가지 않도록
하라!

명심
하겠습니다,
폐하!

172

흉노는 동쪽 국경을 쳐들어왔는데 폐하께서는 왜 하투 공격을 명하셨습니까?

저기는 동부 좌현왕의 근거지고, 여기는 서부 휴도왕, 혼야왕의 근거지다.

흉노의 동서 두 곳을 잇는 이 지점이 바로 하투다.

따라서 하투를 점령하면 흉노의 동서 연결을 끊을 수 있다.

아하!

흉노의 주력부대는 동부에 집중돼 있어서 하투를 수비하는 병력은 분명 많지 않다.

음…

오!

선우도 하투의 전략적 지위를 잘 알고 있다. 일단 하투를 잃으면 선우는 분명 국경을 공격하던 부대를 모두 철수시켜 하투로 반격해 올 것이다.

우리 모두 장군을 따라 하투 공격에 나서겠습니다!

와ー

와ー

한군은 위청의 지휘 아래 하투를 공격해 빼앗았다. 이는 한나라와 흉노의 전투 중 한군이 최초로 거둔 대규모 승리였다.

위청이 흉노군을 격퇴하자 해마다 흉노의 노략질에 신음하던 국경 지역 백성들은 위청의 이름을 연호하며 감사의 뜻을 전했다.

한나라 궁궐

흉노를 격파한 공로로 그대를 장평후에 봉하겠다!

성은이 망극하옵니다!

우리가 거둔 전과를 좀 더 공고히 할 방법이 없을까?

신에게 한 가지 방법이 있습니다.

주보언, 말해 보게.

175

하투에 군을 설치하고 내지의 백성을 이주시켜 하투를 개발하십시오.

진의 장성을 수리해 흉노를 막는 것도 괜찮다고 생각합니다.

모두 다 좋은 의견이다.

영명하십니다!

소건, 그대는 즉각 10만 군사를 거느리고 가 장성을 수리하라!

예, 폐하!

또한 백성 10만 명을 하투로 보내 정착하도록 하라!

흉노는 분명 하투를 빼앗으려고 온갖 방법을 동원할 것이니 신이 군대를 이끌고 가 변경을 지키겠습니다.

흉노는 그들의 전략적 요충 지인 하투를 되찾으려 끊임없이 침략했지만 번번이 위청에게 막혔다. 그는 평생 일곱 번 흉노와 대결을 펼쳐 모두 승리하고 한 번도 패하지 않았다.

176

곽거병의 막북 전투

기원전 119년, 무제는 대장군 위청과 표기장군 곽거병에게 각각 기병 5만씩 이끌고 막북으로 들어가 흉노를 공격하라고 명했다.

조파노*, 자넨 흉노인이니 어느 길로 가야 하는지 알려 주게나.

곽 장군님, 큰 사막을 건너면 바로 흉노의 근거지가 나옵니다.

오!

이치사 선우가 그곳에 있다고 들었는데.

* 조파노趙破奴
흉노에서 도망쳐 한나라에 귀순했다. 곽거병을 따라 수차례 공을 세워 높은 벼슬에 올랐다.

맞습니다.
그들을 격퇴한다면
낭거서산을 점령
할 수 있지요.

낭거
서산이라
……

그곳은 흉노
대대로 내려온
성산 아닌가!

성산이
눈앞에!

네, 흉노가
성산을 잃으면
상갓집 개 신세가
되죠.

그렇다면
더더욱 낭거서산을
점령해야겠어!

식량을
휴대하지 말고
속히 전진하라고
전군에 명해라!

네?

식량이
없으면 다 굶어
죽을 텐데요?

걱정 마라.
내게 다 방법
이 있다!

휘익—

윽! 모래 바람이 매섭게 붑니다.

행군이 불가능하겠어요.

멈춰선 안 된다. 샘물을 찾으면 그때 쉰다!

하지만 모래 바람이 너무 심해서 샘물이 있어도 보이지 않을 겁니다.

휙—

그건 하늘에 맡기자!

샘물을 찾았으니 여기서 먹을 것을 구해 배를 채워라!

그런데 장군님, 여긴 먹을 게 강아지풀 밖에 없습니다.

그럼 강아지풀이 라도 먹자!

네에?!

엉엉, 내 식사가 말이랑 똑같아!

하지만 사막의 모래바람은 군사들을 가만두지 않았다.

휘익!

드디어
사막을 빠져
나왔다!

살았다!

이틀 후

앞에
흉노 군영이
보입니다!

이치사 선우의
군대는 흉노의
주력부대이니
다들 조심해라!

위청 장군이
우리 부장을 모두
차출한 상황에서
강적을 만난
터라……

걱정 마라.
무예가 출중한
교위들을 선발해
부장으로 삼으면
아무 문제없다!

후다닥

좌현왕,
큰일 났습니다.
곽거병의 군대가
쇄도해 옵니다!

뭣?

183

곽거병의 군대는 목숨을 아끼지 않고 싸우기로 유명한데 큰일이다.

어? 왜 이치사 선우의 군대가 아니지?

좌현왕의 군대로군요.

상관없다. 어차피 나를 막는 자는 죽음뿐이다! 화살 발사!

좌현왕은 패잔병을 이끌고 북쪽을 향해 달아나기 바빴다.

곽거병은 실로 대단하다!

기련산을 잃었으니 가축은 어디서 번식 시키고, 언지산을 잃었으니 여인의 화장 재료는 어디서 얻는단 말인가.

아! 우리 흉노의 입지가 점점 더 좁아지고 있구나.

장군, 한군이 계속해서 쫓아옵니다!

빨리 도망가자!

한군 너무 끈질겨!!

다다다

곽거병은 끝까지 추격해 적들 태반을 죽이고 낭거 서산을 점령한 후 그곳에 대를 지어 경축했다. 이와 동시에 위청도 이치사 선우의 주력부대를 대파하고 승리를 거뒀다.

고생들 많았으니 짐이 큰 상을 내리겠다!

위청은 대사마에 봉하고, 곽거병은 대장군에 임명한다!

감사합니다, 폐하!

곽거병은 적을 가장 많이 토벌했으니 특별히 저택을 하사하겠다!

신은 저택이 필요 없습니다.

흉노가 아직 멸망하지 않았는데 어찌 한가하게 저택에서 쉴 수 있겠습니까?

훌륭하다! 이야말로 진정한 장군의 모습이로다!

뼛속까지 장군 타입 이라~

막북 전투 이후 한나라를 위협하던 흉노라는 우환거리는 거의 사라졌다. 애석하게도 곽거병은 몇 년 후 병으로 세상을 떠났으니, 그의 나이 겨우 23세였다.

장건이 실크로드를 개척하다

기원전 139년, 무제는 장건과 흉노인 길 안내자 감보를 서역에 사신으로 보냈다. 그는 국력이 막강하면서 흉노에 원한이 있는 대월지大月氏와 연합해 함께 흉노를 공격하고자 했다.

장 대인, 이곳으로 곧장 가면 대월지가 나옵니다.

자네 덕에 길을 헤매지 않고 잘 왔네.

하서 주랑은 흉노의 근거지라 조심해야만 합니다.

흉노 병사를 만나지 않길 바라야지.

와~

이런, 흉노 병사 예요!

말하기가 무섭군.

한족을 모두 잡아 들여라!

선우, 저희가 한나라 관원을 잡았 습니다!

그들을 데려와라.

여기 대령 했습니다!

왜 나만 차고 그래!

흉노 땅에 무슨 일로 잠입했느냐?

우린 그저 대월지로 가는 길이었소.

대월지는 흉노의 적인데 그리로 간다면 무슨 꿍꿍이가 있는 게 분명하다.

우리가 남월로 사신을 보낸다면 한나라가 과연 길을 빌려 줄까?

재주 있는 자 같으니 흉노 땅에 머물러라.

내가 죽지 않는 한 반드시 폐하의 임무를 완수할 것이다!

흥, 내 꼭 널 굴복시키고 말 테다!

여봐라, 저자를 일단 옥에 가두어라!

휴, 평생 고향으로 돌아가지 못할까 걱정이다.

저들이 제가 흉노인인 줄 알고 나서 시도 때도 없이 반역자라고 욕합니다.

미안하네. 그런 고충을 겪고 있었구나!

아, 아닙니다.

덜컹

장건, 여기 선우께서 보내신 선물이다!

앗!

저… 저는.

낭자는 누구시오?

선우의 명으로 전 이제 대인의 아내입니다.

뭐라고요?

난 부인이 필요 없소!

흑, 만약 대인께서 절 거부하시면 제 가족이 몰살됩니다!

사정이 딱하게 됐느니 거두어 주시지요.

선우가 여자를 보내 날 이곳에 묶어둘 속셈이구나.

좋소. 그대를 받아들이리다.

하하, 미인을 마다하는 영웅은 없구나!

선우께 얼른 보고 해야겠다.

성공이야, 성공!

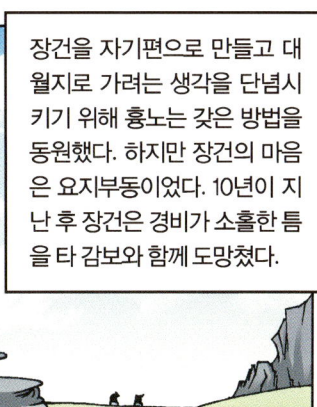

장건을 자기편으로 만들고 대월지로 가려는 생각을 단념시키기 위해 흉노는 갖은 방법을 동원했다. 하지만 장건의 마음은 요지부동이었다. 10년이 지난 후 장건은 경비가 소홀한 틈을 타 감보와 함께 도망쳤다.

이쪽 길은 다행히 추격하는 병사가 없구나.

그러네요.

그간 월지국이 서쪽으로 이주해 지금은 서남쪽에 있습니다.

미리 알아 봤기에 망정이지 괜히 헛걸음할 뻔했구나.

앞이 바로 대완국인데 곤란한 일을 당하지 않길 바라야죠.

대완국

한나라는 땅이 넓고 물산이 풍부하다고 들었는데 이렇게 한나라 사신을 만나게 돼 반갑소!

195

대월지와 강거국은 이웃이라 내가 편지 한 통을 써 주면 강거왕이 대월지까지 안내할 것이오.

감사합니다!

장건은 대완국의 도움으로 강거국을 거쳐 무사히 대월지에 도착했다.

국서를 대월지왕에게 건넨 지가 언젠데 아직도 회신이 없을꼬.

대왕의 회신이 왔소?

대왕께서는 한나라와 함께 흉노를 칠 마음이 없소.

혹시 보복이 두려워 그러시오?

나라가 안정됐는데 굳이 흉노까지 원정 가서 그들을 자극할 필요가 없다는 생각이시오.

하지만 한나라와는 우호관계를 유지하길 원하고 계시오.

알겠소. 내 돌아가 폐하께 그대로 전하리다.

목적을 달성하진 못했지만 그래도 많은 나라와 관계를 텄으니 귀국해 보고해야겠다.

이번에는 강족 땅을 통해 가는 터라 흉노를 만나지 않겠지?

저쪽에서 흉노 병사가 ……

다다다

설마 곤륜산까지 흉노가 점령했단 말인가?

휴, 또 흉노 에게 잡히는 신세가 되고 말았어.

주인님이랑 흉노는 악연 이야…

장건, 누가 너를 찾는다!

으앙 ……

부인, 아가야!

미안하오. 그때 너무 급히 가야 해서 부인과 아이를 데리고 가지 못했소.

나와 같이 한나라로 가는 게 어떻겠소?

야호!

당연히 부군을 따라야지요!

머지않아 장건 일행에게 탈출 기회가 찾아왔다.

부인 말로는 선우가 막 죽어서 그의 아우와 아들이 왕위 쟁탈전을 벌인다는구나.

잘됐군요. 나라가 혼란스러워지면 그때 도망가시죠!

경비가 소홀한 틈을 노리자꾸나.

199

13년 만에
마침내 장안 땅을
밟는구나!

와!

장건은 처자식과 감보를 데리고 흉노가 내란에 빠진 틈을 타 도망쳤다. 그가 사신으로 다녀온 이 길은 이후 한나라가 서역 각국과 무역하는 교통 요로가 되었다. 역사에서는 이를 '실크로드'라고 부른다.

휘이잉

기이한 행동으로
이름 높은 동방삭

한 무제는 즉위 후 백성의 빈부귀천을 막론하고 누구나 직접 황제에게 상소를 올릴 수 있다는 명을 반포했다. 이때 동방삭이라는 자가 한 번에 죽간 3천 개에 달하는 상소를 올려 수레 다섯 대를 동원해서야 겨우 가지고 올 수 있었다.

저 동방삭은 올해 22세로 천문지리에 통달하고 제자백가에 능통합니다.

언변은 소진, 장의도 적수가 되지 못하며, 무예는 형가, 번쾌도 미치지 못합니다.

크큭!

저 같은 인재는 천금을 주고도 얻기 어려우니 폐하께서는 저를 고관에 봉해 주십시오!

무척 재미 있는 자로구나. 이 자를 대조공거에 봉하도록 하라!

예, 폐하!

동방삭은 장안으로 입성 하는 데는 성공했지만 말단 관직이라 황제를 만날 수가 없자 한 가지 꾀를 생각해냈다.

대조공거의 월급은 궁 안에서 재주나 넘는 난쟁이 보다 낮잖아!

동방삭, 길을 비켜라!

오~ 오늘 너희들 기분이 좋아 보이는데!

어?

죽을 날짜 받아 놓은 사람들이 속 편하게 웃고 다니네… 이를 어째요~!

자네 실성 했는가?! 뭐가 어쩌고 저째?

그래.

너희들은 관리가 될 재주도 없고 싸움도 못하면서 양식과 옷만 축내고 있다. 폐하께서 이런 너희들을 싫어해 몰래 궁으로 불러 죽이기로 하셨어.

난 죽기 싫어!

우왕……

홋, 난쟁이들이 속아 넘어갔다.

동방삭, 제발 우리 좀 살려 주게!

음…

203

너희들은 궁문 앞에 무릎 꿇고 있다가 폐하가 오시면 살려 달라고 빌어. 폐하의 마음이 약해져서 살려 줄지도 모르니까.

폐하, 어서 나타나세요!

폐하가 오신다!

폐하, 제발 저희를 살려 주십시오!

짐이 너희를 죽인다고 누가 그러더냐?

동방삭이 폐하께서 저흴 죽이실 작정이라고……

그런 거짓말을 믿었느냐? 모두 물러가라!

무제는 화가 몹시 나 즉시 동방삭을 궁으로 불렀다.

동방삭, 네 죄를 아느냐?

예, 하지만 신도 고충이 있습니다!

고충 이라고?

신의 몸이 난쟁이보다 배는 큰데 월급은 같아서 배가 너무 고픕니다!

페하,
들어 보십
시오.

무슨
소리냐?

꼬르륵~

호오,
재치가 있구먼.

정말
네가 배를
곯았구나!

그럼 널
대조금마문으로
승진시키겠다.

감사합니다!

소평군이 술을 마시고 사람을 죽여 신이 그를 옥에 가두었으니 판결을 내려 주십시오.

장탕, 이 사건은 통상 어찌 처리하는가?

법률대로는 소평군을 사형에 처해야 합니다만 융려공주가 전에 폐하께 부탁한 일이 있어서…

소평군은 융려공주가 죽기 전에 가장 아끼던 아들이었다.

소평군이 고의로 사람을 죽이지 않았으니 사면하심이 마땅합니다.

소평군은 온갖 악행을 저지르고 다녀서 절대 사면해서는 안 되오!

소평군은 폐하의 친조카입니다.

천자가 죄를 범해도 백성과 똑같이 처벌해야 한다. 소평군으로 인해 규율을 깰 수는 없다!

그럼 법률에 따라 소평군을 참수하겠습니다.

조, 좋다.

누이, 미안하구나!

?

폐하, 생신이 곧 다가와 만수무강을 기원합니다!

이런 때 뜬금없이 웬 생신 타령이냐! 썩 물러가라!

그날 저녁 무제는 동방삭을 궁으로 불렀다.

제발 때를 가려 말하는 법 좀 배우도록 해라!

아침에 축수祝壽한 일 때문에 화가 나신 겁니까?

그럼 화가 안 나게 생겼느냐?

폐하께서 소평군의 잘못을 감싸지 않고 대의 멸친한 조치는 백성에게 큰 복입니다. 신이 일부러 뛰어 나와 뜬금없는 말을 꺼낸 것은 폐하께서 슬픔을 잊길 바랐기 때문입니다.

신이 폐하의 심정을 헤아리지 못한 점 죽어 마땅합니다.

오, 그런 것이냐?

209

제가 죽고 만다면 폐하의 명성은 방사의 손에 허물어지고 맙니다.

에고, 못 당하겠구나.

됐다, 그만해라. 널 용서하겠다.

감사합니다!

동방삭은 성격이 익살맞고 재미있었다. 비록 자주 실수를 저질렀으나 결정적인 순간에 항상 분위기를 바꾸는 데 능해 후대 사람들은 그를 '지혜의 신'으로 추앙했다.

백가를 몰아내고 오직 유가를 숭상하다

한나라 초기에는 노자의 '무위이치*' 학설을 숭상했기 때문에 유학의 지위가 비록 상승했지만 통치자의 주목을 받지는 못했다.

우월에서는 그 이름이 통하지 않고, 월에서는 그 이름이 통하네……

중서야, 또 『춘추공양전』을 읽는 거니?

예, 할아버지.

지금 조정에서 유학을 경시하여 이런 유가 경전은 읽어봐야 소용 없단다.

* 무위이치無爲而治
성인의 덕은 너무 커서 굳이 다스리려 하지 않아도 저절로 다스려짐을 이름.

지금의 통치 정책은 사회 발전과 전혀 맞지 않아요.

이 문제를 해결하려면 유가 경전을 참조해 개혁해야 한다고요!

지금이 바로 유학이 흥성할 시기예요!

기원전 142년, 한 무제 유철은 인재를 널리 구한다는 명을 반포하고 각지에서 인재를 추천하도록 했다. 동중서도 추천 명단에 포함되어 있었다.

동중서, 하늘과 사람은 어떤 관계인가?

하늘은 사람의 창조자이자 통치자입니다.

그럼 하늘은 사람을 어떻게 다스리느냐?

하늘은 지혜로운 자를 보내 사람을 대신 다스리게 하니, 그가 바로 황제입니다.

오, 멋진 말이다. 원래 짐은 하늘이 만민을 다스리라고 보낸 사람이구나!

그럼 짐이 하늘과 소통할 수 있느냐?

물론 입니다.

하늘은 음양이 있고 사람은 애락이 있으며, 하늘은 낮과 밤이 있고 사람은 눈을 깜박입니다.

또 하늘은 춘하추동이 있고 사람은 사지가 있습니다.

하늘은 자신의 장점에 따라 사람을 창조했으니 사람과 하늘은 동류입니다. 동류는 서로 통하므로 하늘과 사람도 서로 감응할 수 있습니다.

폐하, 낙수 에서 팔괘도*를 발견했습니다!

팔괘도라고?

*팔괘도八卦圖
주역의 여덟 가지 괘가 그려진 그림. 고대 중국인들은 이를 통해 길흉화복을 점쳤다.

우임금이 치수할 때 팔괘도가 나타났다고 들었으니, 이는 제왕의 상징입니다!

정말 좋은 징조야!

경하 드립니다!

그런데 이건 보통 팔괘도와 전혀 다른걸.

이 거북 등에 그려진 것은 음양, 오행, 사상* 입니다.

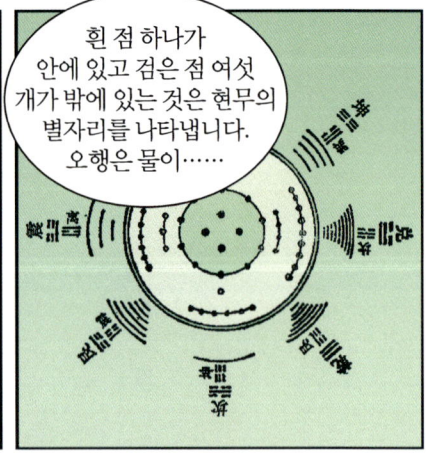

흰 점 하나가 안에 있고 검은 점 여섯 개가 밖에 있는 것은 현무의 별자리를 나타냅니다. 오행은 물이……

* 사상四象
『주역』의 팔괘와 64괘가 형성되는 과정에서 음과 양이 처음 중첩되어 이루어지는 네 가지 형상, 또는 이 네 가지 형상이 상징하는 자연의 네 가지 원소 또는 그 변화 상태를 가리킨다.

* 복희씨伏羲氏
　중국 고대의 전설상의 제왕. 팔괘를 처음 만들고 그물을 발명하여 어획과 수렵을 가르쳤다고 전해진다.

그럼 유가 학설에 영원히 천하를 통치할 수 있는 방법이 나와 있느냐?

오직 유가 학설을 존숭하고 다른 학설을 모두 배척하는 방법 뿐입니다.

사상의 통일을 통해 정치적 통일을 이루는 것도 괜찮은 방법이겠어.

짐이 자네 의견을 숙고해 볼 테니 일단 물러가거라.

이만 물러가겠습니다.

저런 책벌레 같으니. 진짜로 낙수에서 팔괘도가 나타났다고 믿다니.

폐하의 말뜻은……

짐의 권력이 하늘에서 왔음을 믿게 하려면 그의 학설이 필요했기 때문이다!

218

폐하가 가짜 거북 껍질로 날 속이고 바보 취급했겠지?

하지만 유학의 부흥을 위해서라면 폐하의 뜻에 따라 움직일 수밖에 없다!

무제는 왕권 강화를 위해 유가 학설을 수용하기로 마음먹었다.

두영*, 동중서의 건의를 어찌 생각하시오?

신은 찬성합니다.

그 방법 대로라면 실행하기 매우 용이합니다.

하지만 할마마마께서 반대하실까 걱정이오.

* 두영竇嬰
두태후의 조카. 오초칠국의 난을 진압하는 데 큰 공을 세웠다. 유학을 숭상해 두태후의 미움을 사 파직되었다.

219

두태후께서 유가 학설에 확실히 선입견을 가지고 계신 터라서…

무제가 장락궁으로 두 태후를 찾아갔는데…

뭐? 유가 학설만을 존숭 한다고?

깜짝이야! 기운도 좋으셔라.

할마마마, 이건 두 승상이 건의한 의견 입니다.

두영, 이 죽일 놈을 봤나!

할마마마 께서 자기 조카 마저 저렇게 말씀하시니

아무래도 이 얘기는 잠시 묻어둬야겠어.

220

아직까지 거기 서서 뭐하느냐? 당장 이런 건의를 올린 놈을 경성에서 내쫓지 않고!

네!

동중서는 결국 강도로 유배를 당하는 신세가 되고 말았다.

내가 이런 촌구석 강도의 재상으로 쫓겨날 줄이야.

강도왕은 성격이 포악하다던데 지내기 쉽지 않겠어.

휴, 앞날이 캄캄하다.

江都王府

강도왕부

강도왕께 인사 올립니다.

이곳에 재상으로 왔다고 억울한 생각이 드느냐?

저, 절대 아닙니다.

두태후께서 요즘 화가 머리끝까지 나 유생들을 잡아 죽이라고 폐하를 득달하신다고 한다!

어사대부와 낭중령도 이미 저승으로 갔다지?

자네가 경성에 남아 있었다면 아마도 목이 달아났을걸.

……

222

저는 아무 불만 없이 전심전력을 다해 본분에 충실하겠습니다!

이제 유가 학설이 빛을 볼 가망은 사라진 건가?

기원전 135년, 두태후가 세상을 떠나자 무제는 마침내 자신의 뜻을 맘껏 펼칠 수 있게 되었다.

동중서의 건의에 따라 이후로는 유학을 이 나라에서 유일하게 인정하는 학설로 받들겠다!

관부에서는 유생을 대상으로 매년 한 차례 시험을 치러 합격하는 자를 관리에 임명한다!

그럼 동중서를 불러 들일까요?

그를 뭐하러 부르느냐?

짐이 필요한 것은 동중서가 제창한 학설이지 동중서란 자가 아니다!

알겠습니다!

쯧쯧, 가엾은 동중서 ···

이후로 유학은 점차 사상과 문화 영역에서 주도적인 위치를 차지했다. 무제와 동중서가 제창한 유술은 법가, 도가, 음양가 등 각종 학파의 사상을 흡수했기 때문에 공맹을 대표로 하는 선진 유가 사상과는 다소 다른 점이 있다.

19년 만에 고국 땅을 밟은 소무

기원전 100년, 무제는 소무를 흉노에 사신으로 파견했다. 그런데 그의 부장 장승이 몰래 선우의 모친을 납치하려다 발각되는 사건이 벌어져 소무까지 이에 연루돼 옥에 갇혔다.

나는 정령왕 위율이다. 이번 납치 사건의 판결을 내리겠다!

장승, 소무는 사형에 처한다! 하지만 선우에게 귀순한다면 목숨을 살려 주겠다!

아!

저, 저는 귀순 하겠습니다!

흥!

소무, 너는?

나는 이번 사건과 아무 관련도 없는데 왜 사형을 받아야 하오?

부하를 제대로 관리하지 못한 네 책임도 크다!

그냥 항복해요.

죽일 테면 죽여라. 난 절대 항복하지 않는다!

나는 본래 한족인데 흉노에 귀순하여 노예 수만 명과 수많은 동물을 소유하고 있다. 너도 귀순하면 부자가 될 수 있어.

한나라 황제에게 너는 대수롭지 않은 존잰데 헛되이 목숨을 버릴 필요가 있느냐?

남월왕은 한의 사자를 죽여 아홉 개 군이 평정되었고, 완왕도 목이 궁문에 걸렸다.

다음은 바로 너희 흉노 차례다!

소무를 옥에 가두고 굶겨라! 과연 항복하지 않는지 두고 보겠다!

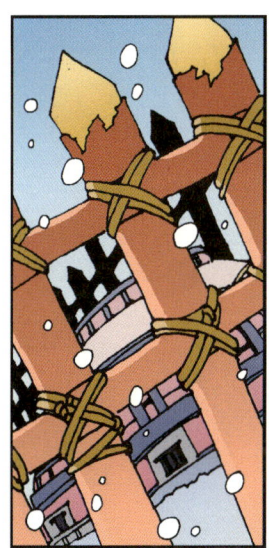

펄~

펄

물을 주지 않으니 눈이라도 녹여 먹어야지.

먹을 것도 주지 않으니 담요라도 뜯어 먹어야겠다.

어떤 고난이 있어도 절대 굴하지 않겠어!

227

아직도 투항하지 않겠느냐?

어림없는 소리 마라!

그럼 북해로 가서 양을 쳐라. 숫양이 새끼를 배면 장안으로 돌아가게 해 주마!

소무는 그 길로 계절이 겨울밖에 없는 북해로 쫓겨났다.

숫양이 어떻게 새끼를 낳아?! 평생 고향으로 돌아가지 못하겠구나.

그래도 폐하께서 하사한 부절을 지켜야 한다!

몇 년 후 뜻밖의 사람
이 소무를 찾아왔다.

소무!

이릉*? 왜
흉노인의 복장을
하고 있나?

말하자면
기네.

내가 전쟁에서 패해
흉노에게 포로로 잡혔
는데 폐하께서 노하
셔서 우리 가족을 몰
살했다네.

난 궁지에
몰려 할 수 없이
흉노에 항복
하고 말았지.

* 이릉李陵
한나라의 무장. 흉노와의 전투에서 패한 뒤 투항해 가족이 몰살당했다. 선우의 딸을 아내로 맞아 살다가 흉노에서 병사했다.

참, 자네 모친은 이미 돌아가셔서 내가 장례를 치러 드렸네. 자네 부인도 다른 사람과 재가했고…

엉엉……

술 두 독을 가져왔으니 잔을 기울이며 시름이나 달래자고.

좋네!

투항하고 나서 지금까지 발 뻗고 잠을 잔 적이 없네.

변절한 죄책감에다 가족 생각이 너무 많이 났어.

하지만 마침내 깨달았어. 성격이 포악하고 무고한 사람을 살해하는 황제를 위해 내가 왜 절개를 지켜야 하냐고?

군왕에게 충절을 다하는 것은 아들이 아버지에게 효를 다하는 것과 같네. 난 극형을 당한다 해도 달게 받겠네.

자네에 비하면 난 그야말로 소인일세.

230

다시 십수 년이 흘러 이
릉이 소무를 찾아왔다.

폐하께서
서거하셨다는
소식이네.

뭐?

폐하……

헉, 자네
무릎
부서지겠네.

어흐흑-

소무,
왜 이러나?

231

몇 달 후

소 대인, 마침내 찾았군요!

자넨……

저는 그 옛날 흉노에 같이 사신으로 온 상혜입니다!

기억력 좀 봐라!

저는 흉노 귀족 집에 노예로 끌려갔다가 주인이 죽은 틈을 타 고향으로 도망쳤습니다.

지금은 흉노와 사이가 좋아져 새 황제께서 대인을 데려오려 했는데, 뜻밖에 호연제 선우가 대인이 죽었다고 했습니다만, 폐하께서는 이를 믿지 않고 저에게 대인의 행방을 찾으라고 명하셨습니다.

선우가 날 풀어 주지 않을 텐데 괜히 헛고생만 했구먼.

걱정 마세요. 폐하께 묘책이 있습니다.

선우님, 한나라 사자 부개자가 뵙기를 청합니다!

우리 폐하께서 상림원에서 큰 비둘기를 쏘아 맞혔는데, 비둘기 다리에 소무의 친서가 묶여 있었습니다.

부 대인의 말은 소무가 아직 살아 있다는 것이오?

그렇습니다. 편지에 북해에서 양을 치고 있다고 합니다.

폐하께서 편지를 보신 후 저를 사신으로 보내 소 대인을 데려오라고 하셨습니다.

비둘기가 소무의 편지를 전하다니, 그의 충정에 하늘도 감동했나 보군.

어찌 그런 일이?

내 즉시 소무를 한나라로 돌려보내겠소!

감사합니다!

장안

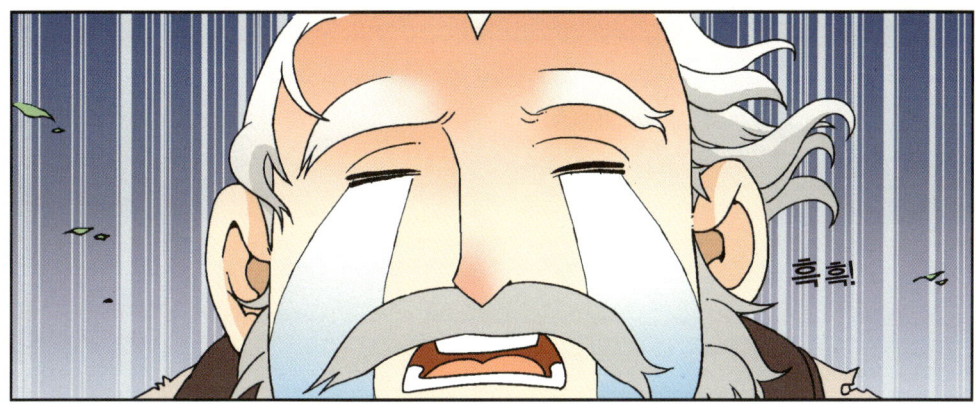

흑흑!

아, 19년 만에 고국 땅을 밟는구나!

저기, 장안의 백성들이 소 대인을 환영하러 나왔습니다.

기원전 60년, 소무는 80세를 일기로 세상을 떠났다. 한 선제는 그를 기린각 11공신으로 추존하여 높은 절개를 찬양했다.

다음 권에 계속됩니다…